Weltreligionen

Geschichte · Quellen · Materialien

# Die Religionen Chinas

Von Dieter Faßnacht



Verlag Moritz Diesterweg
Frankfurt am Main · Berlin · München

Kösel-Verlag
München

Die Hefte der Reihe „Weltreligionen“ sind für den Schulgebrauch bestimmt.

Die Verlage Moritz Diesterweg und Kösel sind Mitglieder des
*Verlagsrings Religionsunterricht (VRU).*

ISBN 3-425-07695-7
ISBN 3-466-36096-X



Umschlagentwurf: Hetty Krist, Frankfurt am Main.
Gesamtherstellung: Ernst Kaufmann, Lahr

# INHALT

# EINLEITUNG

## 1. Zielformulierung

Wenn man Religionen darstellt, steht man vor der Frage: Welche der vielen Konzeptionen übernimmt man? Will man im Sinne der früheren Religionsgeschichte den Geist und die Lehren der Religionen darstellen? Oder kommt es, wie die moderne Religionswissenschaft mit ihren Hilfswissenschaften Religionsgeschichte, Religionssoziologie, Religionsphänomenologie und Religionspsychologie vorgeht, darauf an, möglichst wertfrei und empirisch die Religionen miteinander zu vergleichen? Soll man den Standpunkt der Religionskunde einnehmen, die als Missionswissenschaft das Gespräch mit den Fremdreligionen sucht, sie nicht von vornherein abqualifiziert, jedoch am Evangelium und seinem absoluten Anspruch orientiert ist?
Im Gegensatz zu den bisher erschienenen Bänden „Islam", „Buddhismus", „Hinduismus" und „Judentum" konnte ich diese drei Grundkonzeptionen in diesem Heft „Die Religionen Chinas" nicht vereinen. Über das Leben der chinesischen Religionen in ihrem Stammland, der heutigen Volksrepublik China, ist kaum etwas bekannt. Hier sind wir fast ausschließlich auf die Geschichte angewiesen. Die Berichte reichen nur bis zum Zweiten Weltkrieg. Die Volksrepublik China hat bis heute einen dichten Mantel des Vergessens über ihre religiöse Vergangenheit gelegt. Nicht einmal der Vatikan ist in der Lage, etwas Verbindliches über die Lage der römisch-katholischen Christen in China zu sagen, da die dortigen Christen sich von Rom getrennt haben und Informationen nur ganz spärlich nach außen dringen. Das hat sich in den vergangenen siebziger Jahren auch kaum geändert. Deshalb mußte ich die Konzeption der älteren Religionsgeschichte in dieser Arbeit betonen, während die Religionswissenschaft in ihren Aussagen über das Schicksal der chinesischen Religionen zurücktreten mußte. Auch die religiöse Praxis der Auslandschinesen ist wenig erforscht. Ich habe mir die Mühe gemacht, wenigstens darüber einige neuere Quellen zu finden. Aber selbst das Standardwerk von W. Eichhorn „Die Religionen Chinas" schweigt darüber. Nicht aufgenommen werden konnte die phänomenologische Betrachtungsweise, da auf der einen Seite die meisten Leser nicht über Kenntnisse der anderen Religionen verfügen und auf der anderen Seite der Umfang des Heftes Grenzen setzt.
Eine weitere Schwierigkeit besteht darin, daß wir in China ein Gemisch von mindestens vier bedeutenden Religionen vorfinden, die alle dargestellt werden müssen. Hier hilft nur Kürze der Darstellung und Verzicht auf alle geschichtlichen Informationen. Im Kapitel 5 „Buddhismus" mußte ich den Band „Buddhismus" als bekannt voraussetzen. Der vorliegende Band führt die dort vorhandenen Informationen für den Bereich Chinas weiter.

Auf Grund der genannten unabdingbaren Vorentscheidungen soll dieser Band dennoch als eine Arbeit verstanden werden, die einen pädagogischen Ansatz hat, nämlich das Ziel, im christlichen Religionsunterricht und der Erwachsenenbildung die Kenntnis und Auseinandersetzung mit den chinesischen Religionen zu ermöglichen und von daher das heutige China mitzuverstehen.

Hier muß noch eine Bemerkung zum Begriff „Religion" gemacht werden. Manche Sinologen bestritten und bestreiten, daß es sich bei der Sittenlehre des Konfuzius um Religion handele. Dieser Streit ist nur möglich, wenn man den Begriff „Religion" sehr eng auslegt. Stellvertretend für die heutige in der Theologie und Religionswissenschaft anerkannte Definition von Religion sei hier Karl Barth (KD I/2, S. 306 ff.) zitiert: „Die Welt der Religionen ist eine von den Welten in der Welt des Menschen. Mit einer gewissen Notwendigkeit sahen sich die Menschen bestimmten, über ihr eigenes Leben und aus der Welt erhabenen und es beeinflussenden Mächten gegenübergestellt. Immer und überall erscheint menschliche Kultur auf ein Letztes und Entscheidendes bezogen, das mit dem eigenen Wollen und Können konkurriert. Überall scheinen Kultur und Dasein durch Ehrfurcht vor einem Andern oder gar ganz Anderen bestimmt oder mitbestimmt. Man weiß immer und überall um die Wirklichkeit und Möglichkeit einer Heiligung des Lebens. Die Vorstellung von Gegenstand und Ziel dieses Strebens hat sich in Bildern von Göttern, sogar eines höchsten und einzigen Gottes, zusammengedrängt. Überall äußert der Mensch seine Verehrung in Kulten, Bildern, Symbolen, Mythen, Mysterien, Spielen, Gebräuchen und Gesetzen. Alle Religionen, auch die christliche, zeigen mit je verschiedener Akzentuierung diese religiösen Wirklichkeiten und Möglichkeiten und bilden eine konstituierende und grundlegende Macht im Menschenleben zu allen Zeiten." Diese sehr weite Definition trifft auch für Konfuzius zu. Folgerichtig wird seine Lehre heute überall in der Fachliteratur als Religion bezeichnet.

Große Schwierigkeiten bereitete die Frage der Übersetzung der Quellen. Da es hier keinerlei Verbindlichkeit gibt und die Zahl der Übersetzungen sehr groß ist – mindestens ebenso groß sind ihre Unterschiede – habe ich die in der religionswissenschaftlichen Literatur verwendeten Übersetzungen herangezogen. Ich habe absichtlich darauf verzichtet, eine Einheitlichkeit im Sinne der Anlehnung an einen einzigen Übersetzer zu erstreben. Dann wäre man der Deutung des einen Übersetzers hilflos ausgeliefert. Ich halte die sicherlich unschöne Vielfalt der Übersetzungen trotzdem für verantwortbar, weil ich hoffe, daß sich die verschiedenen Deutungen der Übersetzer und sicherlich auch ihre Fehler eher ausgleichen. Wie problematisch die Frage der Übersetzungen gerade aus dem Chinesischen ist, möchte ich wenigstens an einem Beispiel deutlich machen, das die erste Zeile des 1. Kapitels des Tao-te-ching betrifft (nach E. Neckermann):

Strauß (1870): „Tao, kann es ausgesprochen werden, ist nicht das ewige Tao."
Wilhelm (1911): „Der Sinn, den man ersinnen kann, ist nicht der ewige Sinn."
De Groot (1918): „In Tao (dem ‚Weg' des Weltalls) sollt ihr wandeln, es ist nicht ein gewöhnlicher Weg."
Rousselle (1950): „Ist die Führerin des Alls in Worten anführbar, so ist es nicht die ewige Führerin."
Ulenbrook (1962): „Der Weg, der sagbar, ist nicht der beständige Weg."
Debon (1964): „Könnten wir weisen den Weg, es wäre kein ewiger Weg."
Opitz (1967): „Das tao, über das geredet werden kann, ist nicht ein unveränderliches."
Schickel (1976): „Der Weg, ist er der gangbare, ist nicht immer der zu gehende."
Schwarz (1978): „sagbar das Dau/doch nicht das ewige Dau".

## 2. Zur Frage der Didaktik

### *A. Die Motivation des Schülers*

Berichte der Massenmedien über die Verhältnisse in den islamischen, besonders den arabischen Staaten sind in den letzten Jahren Legion geworden. Massenmedien wie Fernsehen und Tagespresse schaffen hier eine hervorragende Motivation. Dies gilt weit weniger für Indien und kaum für China. Was China betrifft, dürfte das vorhandene Wissen und auch die vorhandene Motivation sehr gering sein. Ich vermute, daß sich das in einigen Jahren geändert haben wird und auch die geistig-religiösen Grundlagen Chinas in den Blickpunkt der Öffentlichkeit treten werden. Religiöse Einflüsse – vom Zen-Buddhismus abgesehen – sind in Europa gering, auch wenn mancher Schüler und Erwachsene sich – auf den Spuren C. G. Jungs – mit dem I Ching beschäftigt und vielleicht darauf schwört.
Um dem Lehrer überhaupt eine Hilfe zur Motivation zu bieten, ist in Teil 1 (Streiflichter) eine Sammlung von Nachrichten und Bildern vorangestellt. Dieser Teil soll dazu verhelfen, Interesse und Neugierde zu wecken.

### *B. Altersstufe*

Der vorliegende Band ist für Jugendliche ab 17 Jahren und Erwachsene zu verwenden. Das Heft ist speziell für den evangelischen und katholischen Religionsunterricht der Sekundarstufe II, sowie für den Philosophie- und Ethikunterricht in der Sekundarstufe II entwickelt. Darüberhinaus kann der Band auch in der Erwachsenenbildung (Volkshochschulen, Seminare usw.) verwendet werden. In allen Fällen ist nicht daran gedacht, alle Quellentexte durchzuarbeiten; vielmehr sollte bei den Quellen eine Auswahl getroffen werden. Ich halte es für notwendig, daß vorher eine asiatische Religion, am besten der Buddhismus (Diesterweg 7691/Kösel 36007) oder auch der Hinduismus (Diesterweg 7693/Kösel 36009) durchgearbeitet wurde.

## 3. Arbeitshinweise

Die Literaturliste enthält nur Taschenbücher, die derzeit (Stand Frühjahr 1983) erhältlich sind. Im Gegensatz zu den anderen Bänden dieser Reihe sind auch historische und politische Bücher aufgenommen, da zum Thema Religionen Chinas nur wenig erschienen ist. Wer weiterführende Bücher braucht, informiere sich in den Literaturlisten der mit (Lit.) gekennzeichneten Taschenbücher. Wer über dieses Heft hinaus weitere Informationen braucht, kann sie bei W. Eichhorn, Die Religionen Chinas (Kohlhammer Stuttgart 1973) finden.
Im Anhang befindet sich ein ausführliches Register, das auch auf die Seitenzahlen verweist, wo der Begriff vorkommt und erklärt wird. Ich habe mit Absicht für dieses Heft die im wissenschaftlichen Bereich bis heute gängige Umschrift nach Wade-Giles verwendet, da die neue Pinyin-Umschrift noch viele Jahre brauchen wird, um sich durchzusetzen. Da selbst die neue Auflage der Encyclopaedia

Britannica oft von Meyers Enzyklopädischem Lexikon in Bezug auf die Umschrift abweicht, bitte ich den kundigen Sinologen, Umschriftfehler von Wade-Giles nach Pinyin zu entschuldigen. Diese Materie scheint mir noch ziemlich unausgegoren zu sein. Näheres zur Aussprache ist zu Beginn des Registers vermerkt.

Freiburg (Breisgau), im Herbst 1982 — Dieter Faßnacht

## *Zeittafel der chinesischen Dynastien*

*(Zur groben Orientierung)*

Shäng- oder Yin-Dynastie 1766–1123

Chou-Dynastie 1122–247
- Westliche Chou 1122–771
- Östliche Chou 770–247
  - Ch'un-Ch'iu-Periode 722–481
  - Chan-kou-Periode 453–221

Ch'in-Dynastie 221–207

Han-Dynastie 206 v. Chr. bis 8 n. Chr. und 25–220

Teilung in drei Reiche (San-kuo) 221–279

Einigung unter Westlicher Chinn-Dynastie 265–316

Nord-Süd-Trennung 386–581
Toba-Wei-Dynastie 386–534. Östliche Chinn-Dynastie 317–419

Sui-Dynastie 581–618

T'ang-Dynastie 618–906

Wu-tai-Periode 907–960

Sung-Dynastie 960–1279, Nord-Sung 960–1126, Süd-Sung 1127–1279

Yüan-Dynastie 1260–1367

Ming-Dynastie 1368–1643

Ch'ing-Dynastie 1644–1912

Republik 1912

Volksrepublik 1949

Zit. nach: W. Eichhorn, Die Religionen Chinas, Kohlhammer, Stuttgart 1973, S. 15.

CHINESISCHE PROVINZEINTEILUNG (seit ca.1580)

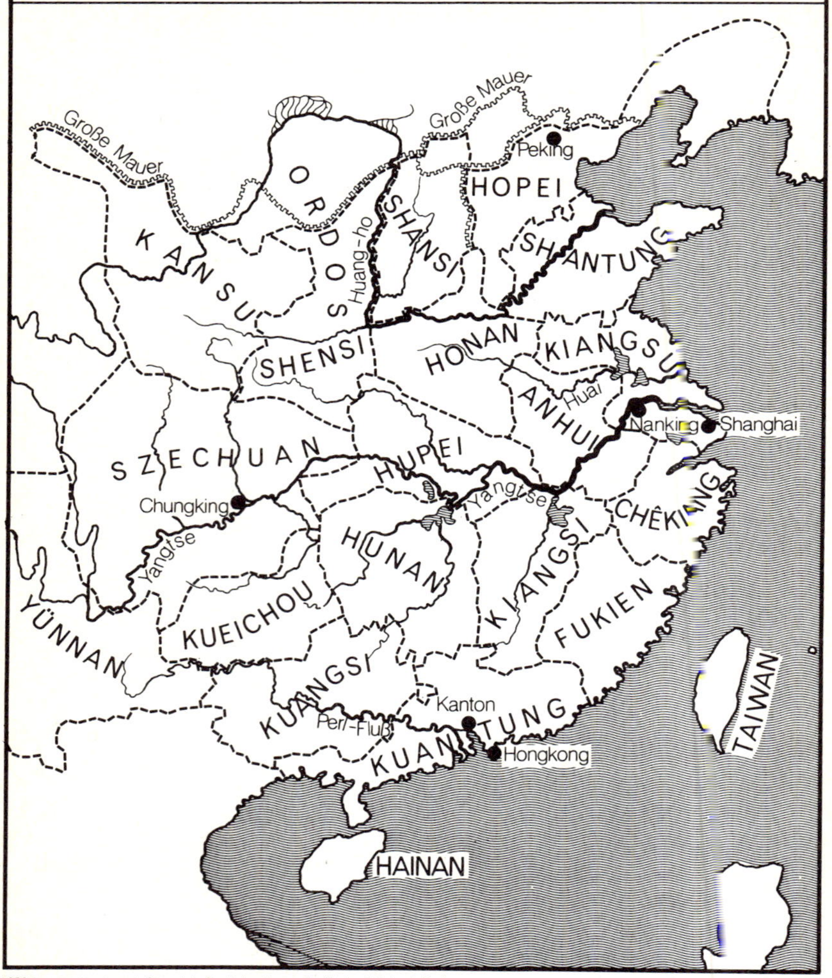


1978 herausgegegen vom Außenamt der Staatlichen Museen Preußischer Kulturbesitz Berlin

Zeichnung: Konrad Zwingmann

# 1 STREIFLICHTER

## 1.1 Den Vorsitzenden Mao liebt man mehr als die Eltern

In wolkenlosem Blau leuchtet der Himmel,
Als der Briefträger fröhlich lächelnd in unsere Unterkunft kommt.
Ein Brief von zu Hause ist eine Freude,
Es ist, als ob meine Mutter neben mir stünde.
Ich öffne den Brief und erblicke die Sonne,
Rot und glühend entflammt sie mein Herz:
Mutter hat mir ein farbiges Bild
Unseres geliebten Führers, Vorsitzenden Mao, geschickt.
„..erhielt Deinen Brief mit der Bitte um mein Foto,
Die ganze Familie besprach es miteinander.
Der Vorsitzende Mao ist teurer als alle Eltern,
Betrachte ihn als Deinen Vater und Deine Mutter.
Der Vorsitzende Mao rettete uns aus unserem Meer von Unglück.
Vergiß das nie, mein Kind.
Weder Berge noch Messer noch Feuermeere
Dürfen Dich abhalten, dem Vorsitzenden Mao zu folgen."
Ich drücke das Bild des Vorsitzenden Mao an die Brust
Und lerne auswendig, was meine Mutter geschrieben hat.
Es ist der Weg des Vorsitzenden Mao, den wir gehen,
Immer und ewig der Sonne entgegen.

Donald E. MacInnis, Religionspolitik im kommunistischen China, Vandenhoeck & Ruprecht, Göttingen 1974, S. 328f.

## 1.2 Das Leben eines Lehnsherren im dritten Jahrhundert n. Chr.

Der Komfort der großen Häuser wurde ständig weiterentwickelt. Selbst nach dem Zusammenbruch der Han-Dynastie, in einer Zeit der Spaltung, konnten sich ein paar reiche und mächtige Männer in ihren Häusern unvergleichlichen Luxus leisten. Nehmen wir als Beispiel den phantastischen Hof von Shih Hu, der zu jener Zeit den kleinen nördlichen Staat Zhao regierte. Shih Hu war ein schwieriger Charakter. Er war ein Barbar, ein geschickter Bogenschütze und Jäger, der von wandernden Schafhirten aus der nördlichen Steppe abstammte; aber sein erster Ratgeber war ein gelehrter buddhistischer Mönch, und unter seiner Herrschaft blühte der sanfte Glaube des Buddhismus. Er war ein heftiger Mann – sein Vorname „Hu" bedeutet bezeichnenderweise „Tiger". In seinem prächtigen Palast hatte er nur aus Mädchen bestehende Orchester und Bataillone weiblicher Soldaten, in

Zobelpelz gekleidet, die goldene Ringe und gelb lackierte Bogen trugen. In seinen späteren Jahren wurde er sehr dick und mußte in einer Sänfte von zwanzig Männern zur Jagd getragen werden; die Sänfte war mit einer drehbaren Liege versehen, von der aus er in alle Richtungen schießen konnte.
Diese sinnreich konstruierte Sänfte war typisch für den Mann, seine Hauptstadt und seinen Palast. In ihm gab es ein herrlich ausgemaltes Badehaus, in dem neun Drachenmäuler Wasser in ein großes Jadebassin spien, das durch das Maul einer bronzenen Schildkröte wieder abfloß. Ein anderes Gebäude verfügte über Sommerräume, gekühlt durch Ventilatoren, deren Luftstrom durch eisgekühlte Vorratskeller geleitet wurde. Unter den zahlreichen mechanisch bewegten Prachtgegenständen des Palastes befanden sich ein Karren mit einer menschenähnlichen Figur, die immer in die heilige Südrichtung wies, und ein anderer, gekrönt von einer Buddhastatue, die ständig von Wasser, das aus Drachenmäulern hervorschoß, überspült und von einer Gruppe hölzerner Mönche gescheuert wurde.
Im 9. Jahrhundert waren die Haushalte der Reichen in der Hauptstadt Changan mit Bädern, Heizung, mechanischen Fächern, künstlichen Springbrunnen und eisgekühlten Räumen ausgestattet. Die Villen mancher Aristokraten verfügten über „Pavillons mit selbsttätigem Regen", und im Palast eines der mittelalterlichen Kaiser gab es eine große Halle mit kompletter Klimaanlage. Ein bevorzugter Gast des Herrschers beschrieb einen wirbelnden Fächer, der hinter dem kaiserlichen Thron Wasser versprühte und eine kühle Brise erzeugte. Der Gast wurde eingeladen, auf einer von innen gekühlten Steinbank zu sitzen; dazu nippte er an einem eisgekühlten Getränk.

Edward H. Schafer, Das alte China, Time-Life International (Nederland) B.V., 6. Aufl. 1978, S. 40

## 1.3 Aus einer Zeitung der Roten Garden (1967): Verwerft den revisionistischen religiösen Aberglauben!

...Der Vorsitzende Mao lehrt uns, daß wir nie die Diktatur des Proletariats und nie den Klassenkampf vergessen dürfen. Die Revisionisten aber beseitigen den Begriff der Klassenzugehörigkeit und agitieren für „humanitäre Ethik", „Freiheit", „universale Liebe", sogenannten „Humanismus", „Frieden" und für die Losung: „Zahlt Böses nicht mit Gewalt heim." Wir aber behaupten: „Es gab niemals einen Erlöser der Welt; wir verlassen uns auch nicht auf einen ‚heiligen Drachen' oder einen Kaiser. Um das Glück der ganzen Menschheit zu schaffen, müssen wir uns ganz auf uns selbst verlassen." Außerdem verbreiten die Revisionisten die sogenannte Metaphysik von „Himmel und Hölle", „Gott und Teufel", um den Kampfgeist des Volkes zu zersetzen.
Was auch immer wir zerstören, was wir aufbauen, was wir kritisieren, was wir vorantreiben – nie entfernen wir uns von der Position der proletarischen Massen, nie verlassen wir den Klassenstandpunkt des Marxismus-Leninismus. Wir müssen

alles zerstören, was für das Volk nicht nützlich ist; was dem Volk nützt, muß neu eingeführt werden. Wie könnten wir anders unsere Kultur weiterentwickeln? Ist es möglich, daß die proletarische revolutionäre Bewegung den religiösen Aberglauben der Ausbeuterklasse sowohl kritisiert wie weiter bestehen läßt? (Die Antwort ist) nein!

Donald E. MacInnis, Religionspolitik im kommunistischen China, Vandenhoeck & Ruprecht, Göttingen 1972, S. 267

## 1.4 Die Schulpolitik der „Viererbande"

Um ihre Ziele – Abschaffung aller Prüfungen, der Notengebung und der Versetzung sowie Installierung einer Schüler- und Studentenselbstverwaltung – durchzusetzen, attackierten die Ultralinken die Lehrer und versuchten, das Verhältnis zwischen ihnen und den Schülern zu zerrütten. Sie stempelten die Lehrkräfte zu „rechtsgerichteten und restaurativen Kräften" ab, apostrophierten sie als „Jünger des Konfuzius" und erklärten: „Alle Lehrer sind Anhänger der bürgerlichen Weltanschauung, sie sind bürgerliche Intellektuelle. Wie können sie Fortsetzer der proletarischen Revolution ausbilden?" Auch diese These stand in diametralem Gegensatz zu Maos dialektischer Politik. Der KP-Chef hatte in der Kulturrevolution darauf hingewiesen, daß die proletarische Revolution im Bildungswesen die Umformung des alten Erziehungssystems zum Ziel habe, nicht aber den „Sturz der Lehrer". Man müsse sich vielmehr auf die Aktivisten in ihren Reihen stützen und sich mit der überwältigenden Mehrheit zusammenschließen. Das Verhältnis zwischen Lehrern und Schülern solle ein Verhältnis zwischen Genossen, nicht aber zwischen Feinden sein, denn beide kämpften schließlich für das gleiche Ziel – den Aufbau einer solidarischen Gesellschaft. Pflicht der Lehrer sei es, die Schüler im Geist des Sozialismus zu erziehen, ihnen Kenntnisse beizubringen und ihnen zu helfen, Unzulänglichkeiten in Ideologie oder Studium zu überwinden. Die Schüler wiederum müßten die Lehrer respektieren, deren Fehler solidarisch kritisieren und ihnen helfen, den Unterricht gut zu gestalten. Dieses revolutionäre und kameradschaftliche Miteinander steht in völligem Gegensatz zu jener „absoluten Autorität des Lehrers", die das alte feudale und bürgerliche Verhältnis zwischen Schülern und Lehrkräften charakterisiert. Der Einfluß althergebrachter Auffassungen wirkt zwar auch heute noch bei manchen chinesischen Lehrern fort und findet seinen Niederschlag in ihrem Unterricht. Dies sei aber, so heißt es in Peking, eine Frage des Denkens und des Arbeitsstils und gehöre in die Kategorie der „Widersprüche im Volk". Nur durch Kritik und Selbstkritik, durch Überzeugung und Erziehung lasse sich das Problem lösen, nicht aber mit Methoden, die auf die „Widersprüche zwischen uns und dem Feind" angewandt werden.
Die „Vierer-Bande" verkehrte jedoch die beiden ihrem Wesen nach verschiedenen Widersprüche, übertrieb die Fehler der Lehrer und hetzte die Schüler gegen sie auf. So nannte sie die Beaufsichtigung der Schüler ein Beispiel für die „absolute Autorität des Lehrers" und schlug vor, sie abzuschaffen.

Peter Kuntze, China nach Mao, Hanser, München 1978, S. 156–157

## 1.5 Änderung der Einstellung der Staatspartei zur Liebe (1978)

In dunklen Ecken der Parks und Pagoden haben verwegene junge Paare es immer gemacht, aber gegen den Willen der Partei: Denn Chinas unverheiratete Jugend sollte alle ihre Kraft für Vaterland und Arbeit aufwenden.
Deshalb mußte, wer etwas werden wollte, mit der Heirat bis Ende 20 warten, bis dahin keusch bleiben, danach höchstens zwei Kinder kriegen.
„Wenn die Leute später heiraten, hat ihr Geist mehr Macht über ihren Körper, was es ihnen ermöglicht, ihre Probleme klug zu lösen und ihre sexuellen Bedürfnisse zu bremsen, damit sie ihre Gesundheit nicht durch Exzesse beeinträchtigen“, erläuterte 1962 Genosse Jang Msiou in der Zeitschrift „Jugend in China“.
Der Puritaner: „Sie können außerdem mehr Energie für den Staat und das Gruppenleben aufbringen... Deshalb stellt die späte Heirat eine objektiv bessere Bedingung für den politischen Fortschritt dar.“ Die Zeitschrift „Der Mittelschüler“ stufte sogar Selbstbefriedigung und nächtliche Samenergüsse als Krankheit ein. So blieben die meisten Chinesen kindhaft und frustriert, zugleich stiegen die Sexualdelikte. Ständig wurden schwere Strafen für Vergewaltigungen verhängt: Auf Teilnahme an Massennotzucht stand gar der Tod.
Jetzt aber rehabilitierte die Staatspartei die Liebe. „Ein Weg, junge Leute gegeneinander aufzubringen und ihr geistiges Wachstum zu verkrüppeln, war das Verbot jeder Diskussion über Liebe und Ehe, einen untrennbaren Bestandteil ihres Lebens“, distanzierte sich die Januar-Nummer der Zeitschrift „China im Aufbau“ von der spießbürgerlichen Vergangenheit:
„Junge Leute durften nicht darüber reden, Schriftsteller davon nichts erwähnen. Liebe wurde als sinnlich, ordinär, gemein und obszön verdammt. Den Zeitungen, Zeitschriften, dem Rundfunk, Theater und Kino war untersagt, das Thema anzurühren“, schrieb das Blatt. Die proletarischen Revolutionäre sollten Asketen sein.
...In einer Neun-Seiten-Wandzeitung an der Pekinger „Demokratie-Mauer“ warf ein Freigeist namens Jung Ni „einigen Autoritäten“ vor, sich selbst nicht an die den Massen auferlegte Enthaltsamkeit zu halten.
Der Aufklärer proklamierte: „Die Chinesen müssen frei sein, sexuelle Beziehungen anzuknüpfen, wenn sie das wollen und mit wem sie wollen.“ Sex ohne Ehe mindere den Streß, verhindere Kriminalität, senke sogar die Geburtenrate.
Die Rudel von Lesern vor den Plakaten zeigten sich aufgeregt. Einer malte über Jung Nis Unterschrift: „Eine äußerst gefährliche Giftschlange.“ Der Korrespondent der „Washington Post“, Jay Mathews, fragte einen jungen Mann nach dem Inhalt der Wandzeitung. „Uh, uh“, äußerte der, „uh... ein paar Jugendprobleme.“
Wandzeitungs-Autor Jung hatte die neue Pekinger Kulturpolitik gelobt – jetzt werden planmäßig US-Filme wie „Sein größter Bluff“ mit Gregory Peck importiert. Sie laufen auch im Fernsehen; Peck mit Zylinder wirbt auf riesigen Plakaten für die Kinos.
Jung Ni: „Gewisse Leute fürchten, daß wir, wenn man uns das Ansehen ausländischer Filme gestattet, Nacktszenen betrachten. Manche Leute kann das reizen, aber ihre Gehirne in Wahrheit nicht beschädigen.“

Im Januar lief in Peking der „Glöckner von Notre-Dame" an – mit dem reizenden Dekolleté der Gina Lollobrigida. So weckt man Bedürfnisse: Büstenhalter gab es bisher nur in einem kleinen Laden auf Shanghais Nanking Road, und nur Schauspielerinnen trugen sie (wenn nicht alles täuscht). Jetzt liefert die japanische Wacoal Company Ausrüstung und Know-how für die Massenproduktion von Dessous, die später auch für Chinesinnen zu haben sein sollen.
Frisiersalons fertigen wieder Dauerwellen; auch einen Rock zu tragen, ist wieder gestattet, wenn auch noch unüblich. Sogar eine bunte Seidenbluse trug demonstrativ beim Staatsbesuch in Japan die Ehefrau des Vizepremiers Teng, Genossin Tscho Lin, 64.

Der Spiegel, Nr. 5/29. Januar 1979, S. 129

## 1.6 Aus den „Gesprächen des Konfuzius": Verschiedene Stufen von Gebildeten

Dsi Gung fragte und sprach: „Wie muß einer sein, um ihn einen Gebildeten nennen zu können?" Der Meister sprach: „Wer in seinem persönlichen Benehmen Ehrgefühl hat, und wer, entsandt in die vier Himmelsrichtungen, dem Auftrag seines Fürsten keine Schande macht, den kann man einen Gebildeten nennen." (Dsi Gung) sprach: „Darf ich fragen, was die nächste Stufe ist?" (Der Meister) sprach: „Wen seine Verwandten gehorsam nennen, und wen seine Landsleute brüderlich nennen." (Dsi Gung) sprach: „Darf ich fragen, was die nächste Stufe ist?" (Der Meister) sprach: „Wer sein Wort unter allen Umständen hält, wer seine Arbeiten unter allen Umständen fertig macht; solche Leute mögen hartköpfige Pedanten sein, dennoch stehen sie vielleicht auf der nächsten Stufe." (Dsi Gung) sprach: „Und zu welcher (Klasse) gehören die Regierenden von heute?" Der Meister sprach: „Ach, Männer des Scheffels und des Eimers, wie wären sie es wert, mitgezählt zu werden!"

Kungfutse, Gespräche, Diederichs, Düsseldorf 1972, S. 136

Begegnung zwischen Konfuzius, Laotse und Buddha, die selbstverständlich historisch nicht möglich war. Die Zeichnung zeigt anschaulich, wie die Chinesen die verschiedenen Religionen zu vereinen suchten.

# 2 CHINA UND DIE ALTE REICHSRELIGION

## 2.1 China – Das Reich der Mitte

### *2.1.1 Geografie*

Man kann China in die drei Kernlandschaften des unteren Hwangho, des unteren Jangtsekiang und des Hsi Chiang aufgliedern; vier weitere Randlandschaften umgeben halbkreisförmig die Kernlandschaften: die Mandschurei, die Innere Mongolei, die Provinz Sinkiang und Tibet. Die Gebirgszüge Kunlun (Zentralasien), Tsinlingschan und Schan-tung trennen Nordchina von Südchina.
Nordchina gliedert sich in zwei deutlich voneinander getrennte Landschaften: das nordwestchinesische Berg- und Plateauland, welches der mittlere Hwangho in weitem Bogen durchfließt, und die nordchinesische Tiefebene, die durch Lößablagerungen des Hwangho entstanden ist und die ehemalige Insel Schan-tung zur Halbinsel gemacht hat.
Südchina ordnet sich in drei verschiedene Landschaften: das westliche Plateau- und Beckenland, die Jangtsekiang-Ebene und das südostchinesische Bergland.

### *2.1.2 Klima*

Der Sommer bringt den Kernlandschaften Chinas gleichmäßig hohe Temperaturen (mittlere Durchschnittstemperatur im Juli in Hongkong, Wuhan und Tientsin um 25° C; zum Vergleich: Frankfurt a. M. 18,7° C.). Der Südostmonsun ist nur schwach ausgeprägt. Regen fällt hauptsächlich im Sommer, nur Südostchina erhält auch im Winter Niederschläge. Die Regenmengen nehmen nach Norden und Nordwesten hin stark ab (mittlere Niederschlagsmenge pro Jahr: Hongkong 2340 mm, Wuhan 1145, Tientsin 528 mm; zum Vergleich Freudenstadt/Schw. 1510 mm, Frankfurt a. M. 604 mm). Die Niederschläge fallen in den einzelnen Gebieten Chinas sehr unregelmäßig, so daß verheerende Überschwemmungen oder Dürren die Folgen sind.
Der Winter ist in ganz China trocken. Er wird vom Nordwestmonsun geprägt, der zentralasiatische Kaltluft mit sich führt; diese wird jedoch in Südchina stark abgeschwächt.
Im äußersten Süden (Hongkong) bleiben die subtropischen Temperaturen erhalten; Frost tritt nicht ein (mittlere Durchschnittstemperaturen im Januar: Hongkong + 15°, Wuhan + 5°, Tientsin –4° C.; zum Vergleich: Frankfurt a. M. + 1°. München –2° C.).
Im Spätsommer und Herbst ist die chinesische Ostküste durch Taifune gefährdet.

### *2.1.3 Ur- und Frühgeschichte*

Die chinesische Geschichtsschreibung läßt die Geschichte des Landes mit der Dynastie der „Drei Urkaiser“ und der „Fünf Herrscher“ beginnen. Sie werden in das dritte Jahrtausend datiert. Historisch gesichert ist aber nur die Tatsache, daß im dritten Jahrtausend in den Provinzen Honan und Schan-tung jungsteinzeitliche protochinesische Kulturen existierten, die bäuerlichen Charakter trugen.

Archäologische Grabungen und schriftliche Quellen sichern den Staat der Shang als erste Dynastie. Dieses Staatswesen hatte sein Zentrum am mittleren Hwangho und umfaßte das Gebiet der Provinzen Shansi, Shantung und Hopei. Die Shang-Dynastie, die von 1766 bis 1122 v. Chr. angesetzt wird, war bereits eine bedeutende Hochkultur: Handwerker gossen aus Bronze Münzen, Messer, Spaten, Schwerter und Kessel. Man hatte eine Schrift erfunden, die – wie die ägyptischen Hieroglyphen – auf vereinfachten Bildern beruhte; diese Schrift bildet die Grundlage der heutigen 50 000 chinesischen Schriftzeichen. Der Adel kämpfte mit Pferden und Wagen; die Bauern rodeten Wälder, um Ackerland zu gewinnen und züchteten – wie schon ihre Vorfahren im dritten Jahrtausend – Rinder und Schafe, Schweine und Hunde. Städtische Siedlungen begannen sich zu Mittelpunkten des Handels zu entwickeln.

1122 v. Chr. wurde die Shang-Dynastie von dem aus Westen kommenden Volk der Chou hinweggefegt. Die Chou-Könige übernahmen die bestehende Shang-Kultur; ihre Dynastie dauerte von 1122 bis 249 v. Chr. Die Chou waren kein fremdes Volk; sie waren ursprünglich Lehnsherren der Shang aus der Provinz Shensi. Die bronzezeitliche Kultur der Shang dehnte in der Chou-Zeit ihren Einfluß nach Südwesten in die Provinzen Hupei und Szechuan aus; weitere Lehnsstaaten entstanden am Mittel- und Unterlauf des Jangtsekiang. Die Hauptstadt der Chou lag zuerst im Tale des Weiho, in der Nähe des heutigen Sian, mußte aber im achten Jahrhundert in die Gegend von Loyang verlegt werden, da innerasiatische Steppenvölker Sian bedrohten. Bereits die Shang-Herrscher hatten an Adlige Lehen vergeben. Als sich unter den Chou das Reich ausdehnte, wurden Hunderte von Lehen an Lehnsherren vergeben; deren Macht wuchs mit zunehmender Entfernung von der Hauptstadt. Die Oberhoheit des Königs wurde ausgehöhlt. Gegen Ende der Chou-Dynastie hatten sich sieben mächtige Staaten gebildet, die von ehemaligen Lehnsherren regiert wurden. Der König besaß die Herrschaft nur noch dem Namen nach. Nur das Recht, die Reichsgottheiten zu verehren, war unangetastet geblieben. Einer dieser sieben Staaten, der Staat Ch'in, bemächtigte sich der anderen sechs und vereinte das Reich. Nach diesem Staat Ch'in ist China benannt. Der König von Ch'in ließ sich im Jahre 221 v. Chr. zum Kaiser erheben und nahm den Titel Shih Huang Ti (= erhabener Kaiser des Anfangs) an, den dann alle chinesischen Kaiser bis zum Ende der Monarchie im Jahre 1911 führten. Die Ch'in-Dynastie ging scharf gegen das Lehnswesen vor, das die Einheit des Reiches zerbrochen hatte. Die bereits 206 v. Chr. folgende Han-Dynastie (206 v. Chr. bis 220 n. Chr.) schuf einen bürokratischen Einheitsstaat, der sein Einflußgebiet bis zum Tarimbecken in Innerasien ausdehnte. Der Konfuzianismus wurde herrschende Religion, ohne daß aber die anderen Religionen verdrängt worden wären.
Seit dem 4. Jahrhundert n. Chr. bedrohten Steppenvölker, die aus Zentralasien vorrückten, Nordchina. Deswegen wanderten viele Nordchinesen in das Gebiet des Jangtsekiang aus. Die durch die Steppenvölker zerstörte Reichseinheit konnte erst durch die T'ang-Dynastie (618–907) wiederhergestellt werden. Unter den T'ang-Herrschern erreichte China die Blüte seiner Kultur. China öffnete sich nach außen, begünstigte Niederlassungen fremder Kaufleute, trieb Handel mit der ganzen Welt und begünstigte den Buddhismus und das Christentum.

## 2.2 Die ältesten religiösen Vorstellungen

### *2.2.1 Der Ahnenkult*

Archäologische Ausgrabungen zeigen uns, daß von alters her in China die Vorfahren verehrt worden sind. Auch heute noch ist im chinesischen Kulturkreis die Verehrung der Ahnen selbstverständlich.

Wie kann man sich aber diese Verehrung von Verstorbenen erklären? Der Chinese hat zum Tod eine völlig andere Einstellung als wir Europäer. Für ihn bedeutet der Tod nicht das Erlöschen eines Individuums, das Ende dieses Lebens; vielmehr ist der Tod ein langsames Hinübergleiten in ein anderes Sein. Dies zeigt die Lehre von den beiden Seelen: Der Mensch besitzt zwei Seelen. Die eine Seele, Po, wird im Augenblick der Empfängnis erschaffen; sie lebt nach dem Tode ihres Trägers beim Leichnam im Grab und ernährt sich von den dargebrachten Opfergaben. Wenn der Leichnam zerfällt, schwindet ihre Kraft allmählich, bis sie in der Unterwelt, bei den Gelben Quellen, ein Schattendasein führt. Po ist die Seele, die die Lebenskraft spendet. Werden die Opfer unterbrochen, kann Po nicht in der Unterwelt bleiben, sondern kehrt als ausgehungerter übelwollender Geist auf die Erde zurück und stiftet den Menschen Unheil.

Die andere Seele heißt Hun. Sie ist die höhere, geistige Seele, die erst bei der Geburt entsteht. Sie steigt nach dem Tode zum Palast Shangti's hinauf; dort führt sie ein prächtiges Leben wie der Edelmann am Hofe des Kaisers. Aber Hun ist auf ihrer Himmelsreise durch böse Mächte, den Erdgeist und den Himmelswolf, gefährdet. Deswegen ist Hun auf die Gebete und die Opfer der Lebenden angewiesen. Versiegen die Opfer, kann sie ihr fröhliches Leben bei Shangti nicht fortsetzen; sie wird zum bösen Geist, der zu ewigem Elend verdammt ist. Bringen ihr aber die Hinterbliebenen die Opfer dar, unterstützt die Seele des Ahnen die Nachkommen und bringt ihnen Glück.

Ursprünglich war die Ahnenverehrung dem König vorbehalten. Aber schon in der Shang-Zeit, zunehmend in der Chou-Zeit, durften auch die Adligen ihre Vorfahren verehren. Erst wenige Jahrhunderte vor Christi Geburt gewann (insbesondere durch den Konfuzianismus) die Ahnenverehrung der Bauern an Bedeutung. Wie der Priesterkönig den königlichen Ahnen zu dienen hatte, damit das ganze Reich Glück und Wohlstand genieße, so hatte nun der Bauer seine eigenen Ahnen zu verehren, damit auch er seiner Sippe Glück und Segen schaffe.

Wie war der verstorbene Vorfahr bei den Opfern anwesend? Man nahm von frühester Zeit her an, daß die Seele des Ahnen sich einen menschlichen Stellvertreter sucht, der während des Rituals die Behausung für die Seele ist. Allgemein galt der Enkel des zu verehrenden Ahnen als dieser Stellvertreter. Erst vor zweitausend Jahren führte man Ahnentafeln ein; nun wohnte der Geist des Verstorbenen während der Opferhandlung in der Ahnentafel. Die Tafeln waren aus Holz geschnitzt und trugen die Aufschrift „Wohnstätte des Geistes N. N." und hatten an der Stelle, wo die Seele ruhen durfte, ein Zeichen eingekerbt. Die Ahnentafeln standen in der Ahnenhalle oder in der Südwestecke des Hauses. Es war genau festgelegt, wer wieviel Generationen von Vorfahren zu verehren hatte: „Wer über die ganze Welt herrscht (das ist der chinesische Kaiser), der opfert den Vätern aus sieben Generationen; wer über ein Reich herrscht (der Hochadel, die Lehnsherren), opfert fünf

Generationen; wer über ein Gebiet herrscht, dessen Größe zu einem militärischen Tribut in Höhe von fünf Streitwagen verpflichtet (der niedere Adel, kleinere Feudalherren), opfert drei Generationen. Wer von seiner eigenen Arbeit lebt, dem ist es nicht erlaubt, Tempel für die Vorfahren einzurichten (er durfte seinen Vorfahren also nur im eigenen Hause, privat, dienen)." (Hsüntzu, Philosoph des 3. vorchristlichen Jahrhunderts). Die Bauern verehrten nur zwei, gelegentlich auch drei Generationen.

Auf welche Art und Weise konnten die Chinesen mit ihren Ahnen in Verbindung treten? Sie befragten sie mit Hilfe des Orakels und opferten ihnen Gaben. Es war vornehmste Aufgabe der Könige, die Ahnen vor wichtigen Entscheidungen zu befragen. Hierzu wurde der königliche Wahrsager geholt, der die Frage des Königs in einen polierten Tierknochen einritzte; dann bohrte er in den Knochen ein Loch, führte in dieses eine rotglühende Eisenstange, so daß der Knochen zersprang. Aus dem Muster dieser Sprünge las der Wahrsager die Botschaft der Ahnen. Die Fragen waren einfach gestellt, z. B.: „Wird es in den nächsten Tagen irgendwelche Schwierigkeiten geben?" Der Wahrsager deutete das Muster der Sprünge nach uns unbekannten Regeln mit einer ebenso einfachen Antwort: Ja, Nein oder Unentschieden.

Statt der Tierknochen („Orakelknochen") verwendeten die Wahrsager auch Schildkrötenpanzer. Die Schildkröte gehört zu den fünf heiligen Tieren und versinnbildlicht den Norden, das Wasser und den Winter. Knochen- und Schildkrötenorakel waren bis zum 10. vorchristlichen Jahrhundert üblich.

Zu Beginn der Chou-Zeit (1122 v. Chr.) begann sich eine neue Technik des Orakels durchzusetzen: Mit fünfzig Stengeln der Schafgarbe fügte der königliche Wahrsager ein Hexagramm zusammen, dessen Form er als Antwort auf die vom König gestellte Frage deutete. Ob diese Orakeltechniken der Shang- und der Chou-Zeit auch beim einfachen Volke üblich waren, ist uns nicht bekannt.

Der andere Weg, mit den Ahnen in Verbindung zu treten, war das Opfer. Dieser Weg stand für alle offen; die Opfer des Kaisers waren jedoch die wichtigsten, da sie das Wohlergehen der ganzen Welt besorgten. Je höher die Stellung des Opfernden war, desto prachtvoller und kostbarer waren die Opfergaben. Der König und der Adel brachten bis vor zweitausend Jahren Menschenopfer dar; danach wurden die Menschen durch Symbole ersetzt, z. B. durch Figuren. Meist brachte man jedoch Gerichte aus Fleisch und Fisch dar. Fleisch und Fisch gelten in Asien als kostbare Leckerbissen; der Asiate ißt – im Vergleich zum Europäer – sehr wenig Fleisch, untere Schichten praktisch gar keines. Weiter opferte man wilde Kräuter, Getreide und gewürzten Reiswein. Die Armen beschränkten sich auf Reisopfer (in Südchina) und Weizen- oder Hirseopfer (in Nordchina).

Der Kaiser spendete seinen Ahnen nur am Jahresende und zu Beginn der Jahreszeiten. Dabei wurden den Ahnen auch die wichtigsten Familienangelegenheiten berichtet. Diesem Brauch schloß sich auch der Adel an, während die Bauern in alten Zeiten vermutlich nicht an feste Termine (von der Zeit nach der Beerdigung abgesehen) gebunden waren.

Bis zum heutigen Tag ist im chinesischen Kulturkreis die Ahnenverehrung Ausdruck einer tiefen und ernsten Frömmigkeit, die auf dem Gefühl der Liebe und Ehrerbietung beruht, welche die Kinder ihren Eltern schulden, sei es in diesem oder im jenseitigen Leben.

### *2.2.2 Die Verehrung der Naturgötter und Naturgeister*

Seit frühester Zeit verehrten die Chinesen neben ihren Ahnen Naturgeister und Naturgötter. In der Shang- und besonders in der Chou-Zeit finden wir genaue Vorschriften darüber, welche Götter jeweils vom König, den Lehnsherren und den einfachen Leuten zu verehren waren. Aber nur die Kulthandlungen des Königs und des Hochadels förderten das Heil des Reiches. Die Religion des Volkes stärkte nur das Wohlergehen des Einzelnen und seiner Sippe; sie wird deshalb in den schriftlichen Quellen kaum erwähnt. Unser Wissen über die Volksreligion ist gering. In später Zeit traten neben die altbekannten Götter auch andere, neue: So übernahm das Volk aus dem Taoismus den „Jadekaiser"; er wurde seit dem 14. Jahrhundert n. Chr. der höchste Gott der Volksreligion. Aus dem Buddhismus des Großen Fahrzeuges kommt die „Göttin der Barmherzigkeit", Kuan-yin (japanisch Kwannon), die den Bodhisattwa Awalokiteschwara verkörpert.

Religionen, die die Natur für beseelt halten, nennt man animistische Religionen. Während man im 19. Jahrhundert meinte, Geister und Götter seien eine metaphysische Erhöhung der menschlichen Seelen, ist man heute anderer Ansicht. Der Animismus gilt nicht mehr als primitive Stufe der Religion, die sich dann zu einem Hochgottglauben weiterentwickelt hätte. Der Animismus spiegelt vielmehr das Erleben übermenschlicher Mächte wider. Grunderlebnisse des Menschen wie Angst, Ohnmacht, Liebe und Macht werden durch Geister und Götter versinnbildlicht. Geister und Götter geben urmenschliche Erfahrungen in der Sprache der Bildschicht des Unbewußten wieder. Der Glaube an die Beseeltheit der Natur ist ein Urerlebnis der kindlichen Seele; die rationale Abstraktion, in der wir heute angeblich leben, ist dagegen eine Leistung des heranwachsenden Menschen, die aber auf äußere Erscheinungen beschränkt bleibt. Es wäre ein Mißverständnis, wenn wir meinten, mit diesem abstrakten Denken der Wirklichkeit näher zu kommen als der Animist. Es könnte sein, daß das bildhaft-animistische Denken den Urerfahrungen des Menschen angemessener ist und einen tieferen Zugang zu den Rätseln unseres Lebens gibt.

Die Götter der chinesischen Volksreligion sind unzählbar. Im Frühjahr, vor dem Säen, feierten die Bauern ihren Erdgottheiten rauschende Feste. Die ledigen jungen Männer und Mädchen huldigten den Göttern der Erde unter Anteilnahme des ganzen Dorfes unten am Fluß und begaben sich dann in die angrenzenden Felder und Wälder, um dort miteinander zu schlafen. Dieser rituelle Beischlaf nahm die Pflicht der Erdgottheiten symbolisch vorweg: So sollte auch der Erdgott Vieh und Land Fruchtbarkeit schenken. Zugleich konnte das Mädchen seine Fruchtbarkeit beweisen; nur wer schwanger wurde, wurde dann im Herbst geheiratet.

Jede Stadt verehrte ihren eigenen Stadtgott. Auch der Sippenälteste hatte Hausgeistern, Krankheitsdämonen, Herdgottheiten, ja sogar Latrinengöttern gebührende Aufmerksamkeit zu schenken. Diese Haus- und Lokalgötter konnte man absetzen, wenn sie die an sie gerichteten Erwartungen nicht erfüllten. So konnten auch die Stadtväter den Stadtgott seines Amtes entheben und einen neuen einsetzen. Im ganzen Lande verehrten Krieger und Händler ihren eigenen Gott, Kuan Yü; die Seeleute Mittelchinas und Taiwans opferten der Schutzgöttin Ma'tsu; der fromme Pilger betete zum Gotte des Tai-shan, des heiligen Berges im Shantung, wo sich der Weg zur Unterwelt befindet.

Die Gottheiten der Ströme und Flüsse bildeten eine besondere Klasse. Sie galten als besonders gefährlich und feindselig und mußten dementsprechend sorgfältig behandelt werden. Der jeweilige Lehnsherr war für ihre Verehrung zuständig. Aber jeder, der mit ihnen zu tun hatte, brachte gebührende Opfer dar. Der oberste Wassergott, der auch die Geister des Meeres beherrschte, war Ho Po, der Graf des Gelben Flusses. Jeder, der den Weiho überquerte, spendete ihm vorher ein Opfer: vornehme Leute einen Ring aus Jade, die Uferbewohner dagegen, die noch mehr auf die Gnade Ho Po's angewiesen waren, bis ins dritte vorchristliche Jahrhundert Menschen. Meist opferte man das schönste Mädchen des Gebietes.
Den Feudalherren oblag auch die Sorge für den Gott des Erdbodens, She, und den Gott des Getreides (ursprünglich der Hirse) Hou Chi. Die Fürsten brachten ihnen zu bestimmten Zeiten einen jungen Ochsen, Getreide und Reiswein dar. Damit kamen sie ihrer Pflicht nach, die Harmonie zwischen Himmel und Erde zu gewährleisten und damit Glück und Wohlstand ihres Landes zu mehren.
Glück und Wohlstand des ganzen Reiches war Aufgabe des Königs. Die Opferriten, die er als Priester durchzuführen hatte, waren deshalb bis ins einzelne hinein festgelegt. Der König hatte als Sohn des Himmels für die Ordnung des Universums zu sorgen. Er hatte sein Amt vom Himmel (T'ien) verliehen bekommen. Die kosmische Harmonie konnte nur durch seinen Ritus erhalten werden. Verletzte der König seine rituelle Aufgabe, plagten Unwetter und Mißernten, Dürren oder Überschwemmungen das Reich. Sein persönliches Versagen hatte die Harmonie des Universums durcheinandergebracht. Die Kraft seiner Gottessohnschaft war offensichtlich verschwunden; die Dynastie mußte gestürzt werden. Jetzt mußte ein neuer Herrscher folgen, der vom Himmel wieder legitimiert war und die Riten richtig vollziehen konnte.
Die wichtigsten Funktionen des Königs, die teilweise bis zum Ende des Kaisertums im Jahre 1911 beibehalten wurden, waren die Opfer an Shangti, den erhabenen Herrscher in der Höhe. Shangti ist der spätere Name von T'ien (Himmel), den man sich als letztes, oberstes, aber unpersönliches Wesen vorstellt. Alljährlich zog der Kaiser mit dem Holzpflug eine Furche, die er einsäte; nun konnte die Natur ihrer Aufgabe walten. Zugleich spann die Kaiserin Seidenkokons vom Maulbeerbaum; damit war sichergestellt, daß die Seidenraupen im neuen Jahre gediehen. So zeigten die Kulthandlungen des Kaiserpaares, daß Shangti Sonne und Regen, Saat und Ernte, Tod und Leben brachte.

### *2.2.3 König, Priester und Schamanen*

Wie in allen Kulturreligionen (z.B. Ägypten, Mesopotamien, Persien, Indien, Japan, Mexiko) stand der König in China in enger Beziehung zur größten Gottheit: Er war der Sohn des Himmels; er verwaltete das Mandat des Himmels, das heißt die Herrschaft über die Welt (sakrales Königtum). Politisch setzte endgültig die Han-Dynastie im dritten vorchristlichen Jahrhundert das sakrale Königtum durch. Der Kaiser war nur gegenüber dem Himmel verantwortlich. Er war zugleich Priester.
In allen Religionen werden Priester bestimmt, die von Amts wegen die Aufgabe haben, mit dem Heiligen umzugehen. Der Priester ist wie der König Träger von Macht (Mana). Für China ist aber typisch, daß der König diese göttliche Macht an

die Priesterschaft immer nur übertrug; die Priester galten immer nur als Assistenten des Kaisers. Im Gegensatz zu anderen Religionen konnte so nie eine festgefügte, mächtige Priesterschaft entstehen. Zugleich übertrug der König bestimmte Aufgaben des Kultes an die Lehnsherren (z.B. die Verehrung der Ahnen und der Landesgötter); die Feudalherren waren damit zugleich auch Priester, aber von des Königs Gnaden. Aus diesem Adel nun wurde eine Gruppe von Spezialisten gebildet, die für die bei den Opfern notwendigen Gebete und Hymnen zuständig waren. Insoweit hatten sie als Priester Anteil an der göttlichen Macht des Kaisers. Ganz anders verhält es sich mit dem Medizinmann (= Schamane). Medizin bedeutet hier soviel wie „metaphysische Macht“. Im Medizinmann offenbart sich – im Gegensatz zum beamteten Priester – die göttliche Macht, das Mana, spontan. In China nannte man solche Schamanen „Wu“, ihre Art der Religionsausübung „Wuismus“. Im Gegensatz zum Priester ist man Schamane von Geburt an. Die Wu treten mit der Gottheit durch ekstatische Tänze, die von wilder Musik und von Trommelwirbeln begleitet sind, in Verbindung. Wenn dann die Wu in Trance gefallen sind, dringt die Gottheit oder die Seele der Ahnen in ihren Körper ein und spricht durch ihren Mund. Die Aufgabe der Wu bestand darin, den Willen der Götter und Geister zu verkünden, Zauberhandlungen zu vollziehen, Zauberworte zu kennen, bei Krankheiten zu helfen, Dürre und Kriegsgefahr abzuwenden und die Zukunft zu deuten. Ihre Kenntnisse bekamen sie vom Vater und von ihrem Lehrer übermittelt.

Aus der Geschichte der chinesischen Schriftzeichen läßt sich für die Wu folgendes erschließen: Ursprünglich waren es Frauen (erst von der Shang-Zeit an auch Männer), die sich durch Tanzen in Ekstase versetzten und Regen vom Himmel erflehten. Durch Verkleiden und Masken nahmen die Wu die Gestalt der Geister an, mit denen sie in Verbindung zu treten wünschten. In bestimmten Familien wurden die Wu-Praktiken vererbt und von einer Generation an die nächste weitergegeben. Auch die Könige der Chou-Zeit übernahmen Züge des Wuismus. So konnte es geschehen, daß sich der König mit einer Stellvertreterin der Regengöttin vereinigte oder sich nackt der symbolischen Verbrennung durch die Sonne aussetzte, um die Dürre zu beenden. Es kam sogar vor, daß bei schwerer Dürre ein Schauspieler als Stellvertreter des Königs verbrannt wurde. Als sich aber in der Han-Dynastie der Einfluß des Konfuzianismus bei Hofe durchsetzte, schwand die Bedeutung der Wu; sie bedrohten durch ihre Ekstase das festgefügte Hofzeremoniell. In der Volksreligion spielten sie aber immer eine bedeutende Rolle.

Solche Bronzeglocken mit ovalem Querschnitt wurden nicht nur bei musikalischen Darbietungen am Hofe benutzt, sondern auch beim Ritual der Schamanen.

## 2.3 Quellen

### *2.3.1 Hymnen der königlichen Tempelliturgie (Chou-Dynastie)*

Majestätisch, niemals endend
Ist der Auftrag des Himmels.

Deine herabwirkende Tugend,
O berühmter König Wen,
Überwältigt mit Gnade
Deine Diener auf Erden.
Wir haben nur Deine Gunst zu empfangen.
Möge sie bewahrt werden durch jene,
Die folgen.

Unsere Gaben
Von Ochsen, Schafen
Bringen wir demütig.
Mögen sie bringen
Dem Himmel Unterhalt
Und die Gunst des Königs.
Mögen wir immer
Den Zorn des Himmels fürchten,
Um seine Gunst
Und unsere Geschicke in gleichmäßiger Bahn
zu erhalten.
Dem Lande Frieden zu bringen, müssen
Wir die Vorschriften vom König Wen befolgen
Und seinen Statuten
Vertrauen; von Ferne wird er beobachten
Und es gutheißen.

Seine Gewänder aus leuchtendster Seide,
Seine Mütze, besetzt mit
Edelsteinen,
Der Wein, so milde und sanft;
Er bewegt sich ohne Laut
In ehrfürchtiger Bescheidenheit
Zwischen den heiligen Dreifüßen und den
Trinkhörnern;
Er begibt sich aus der Halle zur Schwelle
Mit gemessenem Schritt,
Und für die Betagten bringt er am Ende
Das Geschenk der Gnade.

Geoffrey Parrinder, (Hrsg.), Die Religionen der Welt, Ebeling, Wiesbaden 1977, S. 273 (Copyright bei Ebeling Publishing Ltd. London).

### *2.3.2 Die Feste des klassischen China*

Wie in vielen archaischen Kulturen galt auch im frühen China das Brauchtum als die geheiligte Richtschnur menschlichen Lebens in der Gemeinschaft.
Aus dem Liedgut des Klassischen Buches der Lieder (Shih-ching) hat man für die vor- und frühgeschichtliche Zeit primitive bäuerliche Feste erschließen können, die noch Züge einer ursprünglich matriarchalischen Gesellschaftsordnung erkennen lassen. Zum *Frühlingsfest* trafen sich Mädchen und Jünglinge in freier Natur fern vom Dorf, stellten sich in zwei Reihen gegenüber auf, tanzten und sangen sich dabei herausfordernde Wechsellieder zu. Es gab orgiastische Bankette, bei denen sich Paare fanden, die dann einen Fluß als Symbol des Lebenswassers durchquerten und sich in den Feldern vereinigten. Es war dies eine Art Sympathiezauber, um Regen und Fruchtbarkeit herbeizuzwingen. Die Initiative auf diesen Festen ging von den Mädchen aus. Die Kinder und das Hauswesen waren mehr oder minder Eigentum der Frau. Ähnliche Gebräuche haben sich unter primitiven Völkern in abgelegenen Teilen Südwestchinas bis in die Neuzeit herein erhalten.
Das *Herbstfest* hingegen, das nach der Ernte im Dorf gefeiert wurde, wenn Natur und Feldarbeit ruhten, war eine Sache der Männer. Sie zogen sich ins Männerhaus des Dorfes zurück und widmeten sich lauten Trinkereien, Schmausereien und Pfandspielen, bei denen der gewann, der am meisten von seinem Besitz verlor. Die zur Schau getragene Verschwendung sollte magisch neuen Reichtum durch die kommende Ernte anlocken. Konfuzius jedoch reinigte die Sitten der feudalen Gesellschaft von solchen primitiven Elementen und moralisierte das Brauchtum in den Sittengesetzen (li) seiner Lehre.
Wie bei allen Völkern bildeten sich um die Angelpunkte menschlichen Lebens von der Geburt bis zum Tod besondere Feste; in ihnen mischten sich Elemente aus dem Ahnenkult, der Volksreligion, dem Taoismus und dem Buddhismus zu einer unauflöslichen Legierung. Als Beispiel seien die Zeremonien der meist durch die Eltern mit Hilfe eines Vermittlers schon in verhältnismäßig jungen Jahren geschlossenen *Heirat* erwähnt, deren Ablauf genau festgelegt war, vom Überbringen der Hochzeitsgeschenke über das Einholen der in reiche rote Gewänder gekleideten Braut, die feierlichen Gebete und die Neckereien des auf dem Bette thronenden Brautpaares durch die Gäste bis zum Betreten des Hochzeitsgemaches. Noch viel reicher ausgebaut ist das *Totenzeremoniell*. Schon am 59. Geburtstag schenken die Kinder ihren Eltern den Sarg und die Totenkleider, die sie zum Sterben anlegen müssen. Drei Tage nach dem Tod verläßt die Seele den Leib und begibt sich in den Tempel des Erdgottes. Danach beginnen die eigentlichen Feierlichkeiten, während derer man einfache Gewänder in der Trauerfarbe Weiß trägt. Nachdem die Seele nach weiteren drei Tagen in den Körper zurückgekehrt ist, beginnt ihre Reise in die Unterwelt, zu der sie mit papierenen Opfergaben versehen wird. An einem durch das Horoskop ermittelten günstigen Tag findet die *Beerdigung* im Familiengrab statt, und die Trauerzeit dauert noch 100 Tage oder auch ein Jahr an. Da man in China kein arbeitsfreies Wochenende kennt, dienen dem Mann aus dem Volk lediglich die mit dem Jahresablauf in Verbindung stehenden Feste als Ruhetage. Wichtigstes davon ist das *Neujahrsfest*, vor dem man alle seine Schulden beglichen haben muß. Einige Tage zuvor wird der Herdgott verabschiedet, der sich

in den Himmel begibt, um vor dem Jadekaiser über das Verhalten der Familie Bericht zu erstatten. Am Abend vor Neujahr kehrt er von dort zurück. Während des mehrtägigen Festes muß alle Arbeit in dem gründlich renovierten Hause ruhen. In der Neujahrsnacht versammelt sich die Familie, um den Göttern und den Ahnen zu opfern. Feuerwerk wird abgebrannt, und man veranstaltet ein Festessen. Die Tage danach sind ausgefüllt von Gratulationsbesuchen. Am 15. Tag des ersten Monats, einem eigenen Festtag, wird das letzte Neujahrsessen verzehrt, und man stellt überall im Haus und Hof Lampen als Glückssymbole auf.
Der 2. Tag des 2. Monats gilt als Geburtstag des Erdgottes und bezeichnet den Beginn der Feldarbeit. Ein wichtiges Fest liegt um die Wende vom 2. zum 3. Monat, das sog. Ch'ing-ming-Fest, das mit dem Ahnenkult eng verbunden ist. An diesem Tage, der den Sieg des lichten Prinzips anzeigt, reinigen die Familienmitglieder die Gräber ihrer Vorfahren und schmücken sich und das Haus mit Kiefern- und frischen Weidenzweigen. Am Tag der Sommersonnenwende, am 5. Tag im 5. Monat, feiert man das *Giftfest*, indem man die sog. fünf giftigen Tiere und mit ihnen

In China wird seit alters der Drache als Sinnbild der Erdbeben und Gewitter verehrt. Hier schmückt ein Drachenkopf einen Leichenwagen.

alle bösen Einflüsse vernichtet. In den südchinesischen Küstengebieten fällt auf den gleichen Tag das *Drachenbootfest*, an dem man symbolisch nach der Leiche des ertrunkenen Dichters Ch'ü Yüan sucht, indem man Bootsrennen veranstaltet. Den Frauen gewidmet ist das Fest der Stickerinnen am 7. Tag des 7. Monats. In der Mitte des 7. Monats feiert man in Südchina ein vom Buddhismus eingeführtes *Seelenfest*, bei dem man mit Laternen geschmückte Boote und Papierschiffchen schwimmen läßt. Auf die Mitte des 8. Monats fällt das *Mitherbstfest*, das dem Mond gewidmet ist. Zum Winteranfang am 9. Tag des 9. Monats läßt man Papierdrachen steigen, während die *Wintersonnenwende* im 11. Monat mehr offiziellen Charakter hat und früher von dem Kaiser und der Beamtenschaft begangen wurde. Ein *Ernteopfer* am 8. Tage des letzten Monats leitet schließlich wieder zum Neujahrsfest über und schließt den Zyklus der jahreszeitlich gebundenen Feierlichkeiten.

R. Goepper, China – Reich der Mitte, in: H. Boekhoff/F. Winzer (Hrsg.), Kulturgeschichte der Welt, Westermann, Braunschweig 1966, S. 398 und 407.

### 2.3.3 *Feste und Feiern im heutigen Hongkong*

*Chinesisch Neujahr*

Ende Januar oder Anfang Februar, jeweils am 23. Tag des 12. Mondes, feiert Hongkong entsprechend dem Mondkalender Chinesisch Neujahr. Mit dem Scheiden eines alten Jahres muß auch allem Streit ein Ende gemacht werden: Nachtragende Gedanken mit ins neue Jahr zu nehmen, brächte Unglück, genauso wie offene Schulden. Und wenn irgend möglich, ersteht jeder zur Begrüßung des neuen Jahres neue Kleidung. Bevorzugte Farben sind natürlich leuchtendes Rot und Rosa in allen Variationen, für Chinesen seit jeher Symbole des Glücks.
An der Ausschmückung von Heim und Büro, privater wie öffentlicher Gebäude, darf es ebenfalls nicht fehlen: Überall sieht man rote Papierbanner mit den traditionellen Neujahrswünschen für Reichtum und ein langes Leben in kühnen Schriftzeichen althergebrachter Art, mit Früchten beladene Kumquatbäumchen (asiatische Zierorangen), Topf-Chrysanthemen, ganze Pflaumen- und Pfirsichbäume in voller Blüte oder – besser noch – in Knospen: Denn wenn diese am Neujahrstag aufbrechen, bedeutet dies Glück für das ganze Jahr. An den Neujahrstagen selbst, die früher zwei volle Wochen lang dauerten, heute aber nur drei Tage lang gefeiert werden, besuchen sich Freunde und Verwandte, man beschenkt sich, Kinder und unverheiratete junge Leute erhalten die mit Ungeduld erwarteten „Laicie"-Päckchen, kleine rote Umschläge mit den üblichen Glückssymbolen, die neue Geldstücke oder auch Scheine enthalten. Am zweiten Neujahrstag kommen die Familien zu besonders üppigen Festmahlzeiten zusammen. Obwohl die Stadt viel Festtagsstimmung ausstrahlt, wird der Fremde wenig Unterhaltung finden, da alles geschlossen ist.

*Ching Ming*

Das Ching Ming-Fest hat einen nüchternen Unterton. Es dient der Ahnenverehrung, die nach wie vor eine dominierende Rolle im Leben des chinesischen Menschen spielt. Kurz vor Frühlingsanfang, zumeist in den ersten Apriltagen, suchen die Familien die Friedhöfe auf, um die Gräber ihrer Angehörigen zu fegen, das Unkraut zu entfernen und die Steine frisch zu bemalen. Umhüllt von wohlriechenden Schwaden brennender Weihrauchstäbchen legt jedes Mitglied der Familie Hand an und schmückt die Ruhestätte mit Opfergaben für die Geister der Entschlafenen. Wie bei allen chinesischen Festlichkeiten darf auch bei Ching Ming gutes Essen nicht fehlen, doch ist es als „das Fest der kalten Platte" bekannt, denn in den drei vorangehenden Tagen darf kein Feuer in den Haushalten angezündet werden, und alle Gerichte und Opfergaben müssen deshalb bereits vorher zubereitet worden sein.

*Tin Hau*

Der Geburtstag der Himmelsgöttin Tin Hau wird vor allem von den Fischern Hongkongs gefeiert – sie ist die Schutzgöttin des seefahrenden Volkes. Es gibt vierundzwanzig Tin Hau-Tempel in ganz Hongkong, und der beliebteste von ihnen allen befindet sich in der Bucht von Joss House Bay; hier treffen sich an diesem Tag viele der Fischer in buntgeschmückten Booten, um den Löwentänzen beizuwohnen, die von ausgebildeten Vorführern dargeboten werden, unter riesigen, mit farbenfreudigen Fransen und Mähnen versehenen Löwenköpfen aus Holz und Pappmaché. Im Tempel selbst ehrt man die Göttin durch Opfergaben, man bittet um guten Fang und Schutz auf See.
Da das Fest in fast allen Fischerdörfern gefeiert wird, können Besucher es leicht von gemieteten Booten aus miterleben.

*Das Cheung Chau-Brötchen-Fest*

Dieses Fest erhielt seinen Namen von den hohen, mit an Hefeklöße erinnernden Brötchen bedeckten Türmen, die in der Mitte eines Festplatzes als Danksagung für Essen und Trinken an die Götter errichtet werden. Es wird Anfang Mai auf der Insel Cheung Chau gefeiert. Am Nachmittag zieht eine mehrstündige, bunte Prozession durch die engen Straßen des Dorfes, bei der Kinder, zumeist kleine Mädchen, in reichgeschmückten historischen Kostümen legendärer Gestalten auf geschickt kaschierten Gestellen hoch über den Köpfen der schreienden Menge dem Tempel entgegenzuschweben scheinen.
Höhepunkt war allemal das am Abend im Scheinwerferlicht stattfindende Erklettern der Brötchentürme, das in vergangenen Jahren zu lebhaften Szenen führte: Es kommt nämlich darauf an, so viele Brötchen wie nur irgend möglich zu ergattern, um der eigenen Familie Glück zu liefern. Leider führte die fehlerhafte Konstruktion der Türme 1978 zu einem traurigen Ende des Festes, und um weitere Unglücksfälle zu vermeiden, werden die Brötchen jetzt bei Tage verteilt.

*Das Drachenbootfest*

Das Ende Mai stattfindende Drachenbootrennen, das in unglaublich schnellen, sehr langen, schmalen, mit geschnitzten Drachenköpfen und Drachenschweifen versehenen Booten gefahren wird, hat sich im Laufe der Jahre zu einem äußerst ehrgeizigen, manchmal sogar rowdyhaften Wettbewerb entwickelt, an dem Teams aus dem ganzen pazifischen Raum teilnehmen.
Ursprünglich wurde dieses Fest zu Ehren von Ch'u Yuen gefeiert, einem Regie-

rungsbeamter, der sich aus Protest gegen die Korruption unter seinen Vorgesetzten in einem Fluß das Leben nahm. Treue Anhänger streuten damals (296 v. Chr.) Reis in den Fluß und schlugen mit Knüppeln auf das Wasser ein, um die Fische von dem ehrenwerten Toten fernzuhalten.
In Lotusblätter gewickelte Reiskuchen und die zum Ansporn der Ruderer geschlagenen Trommeln erinnern heute an jenen langvergangenen Tag.

Bei den Drachenbootrennen Ende Mai werden die überlangen, schlanken Boote unter dem Dröhnen im Takt geschlagener Pauken mit Stechpaddeln vorangepeitscht.

*Das Fest der hungrigen Geister*

Das Yue Yan-Fest ist das Fest der hungrigen Geister, zu dem gemäß dem Mondkalender Anfang September Wesen aus der Schattenwelt einen Tag und eine Nacht lang auf die Erde zurückkehren dürfen, um Nahrung zu suchen. Um kein Unglück auf sich zu ziehen, legt man an diesem Tag Leckerbissen vor den Hausaltar und verbrennt – vor allem in Dörfern und auf den Inseln – zum Schutze des Hauses und zur Beschwichtigung der unruhigen Seelen „Höllengeld" und andere Opfergaben.

*Das Mondfest*

Das Mondfest ist eine Art Erntedankfest, das gleichzeitig an den Aufstand gegen die Mongolenherrschaft im 14. Jahrhundert erinnern will. Es wird am 15. Tag des 8. Mondes gefeiert und auch Laternenfest genannt. Bei Sonnenuntergang steigt man auf den höchsten Berg der Umgebung, um den vollen Mond zu bewundern. Buntflackernde Laternen zeigen den Weg, und Rufen und Lachen erfüllt die Nacht.
In Hongkong sind an diesem Abend Victoria Peak und Tai Mo Shan Peak die beliebtesten Ausflugsziele, wo man mit Freunden und der Familie die berühmten Mondkuchen ißt, die mit Fleisch oder mit Lotussamenpaste gefüllt sind.
Will man alle Arten von Laternen sehen, die zu diesem herbstlichen Fest aufgeboten werden, darf man auf keinen Fall das zwei Tage dauernde Lampionfest in

Hongkongs Victoria Park versäumen, zu dem jährlich fast eine halbe Million Menschen kommen – ein unvergleichlicher Anblick.

J. Passmore, Der Mondkalender enthält viele Feste, in: Merian, Hongkong und Macao, Hoffmann & Campe, Hamburg 1979, S. 108–112.

### 2.3.4 *Gelebte Religion in Hongkong*

„Steh, wo du stehst, und laß den Himmel gewähren!" Gilt diese altchinesische Lebensregel auch für die Hongkong-Chinesen? Ich kenne kaum einen, für den dies zutrifft. Wenn wir einmal Zeit dafür haben – was sehr selten vorkommt –, versuche ich mit Mr. Lin, meinem Fahrer, über „Religion" zu sprechen. Ich frage nach seinen religiösen Vorstellungen, nach denen seiner Familienangehörigen und seiner Nachbarn. Zwei seiner fünf Nachbarn sind Christen, römisch-katholisch. Das läßt sich noch am schnellsten beantworten. Ansonsten war meine Frage viel zu allgemein gestellt: Ich muß Einzelheiten benennen. So versuche ich, Mr. Lin auszufragen nach taoistischem und konfuzianischem Brauchtum vor dem kleinen Familienaltar in seiner Wohnung wie auch in den wenigen, für die Öffentlichkeit zugänglichen Tempeln in Hongkong und den New Territories. Dabei darf ich aber auch nicht vergessen, mich nach den mehr oder weniger abstrakten Lehren des Buddha zu erkundigen wie auch nach dem Verbrennen von Räucherstäbchen und dem nur für dies Opfer hergestellten Papiergeld. Ich muß Mr. Lin auch fragen, wie oft er, seine Frau oder die alte Mutter noch die traditionellen Orakelhölzchen werfen, um zukünftige Ereignisse vorherzusagen, und zu wem sie um Gesundheit, Glück und Reichtum beten.

Wenn Mr. Lin sich selbst auch als traditionsbewußten Hongkong-Chinesen bezeichnet, so sind die konkreten Erscheinungsformen seiner Religion doch sehr dürftig. Aber schließlich erfahre ich doch, daß es in seiner Wohung einen gerahmten Buntdruck der Kuan Yin und auch eine angeblich alte, kleine Holzstatue dieser Göttin der Barmherzigkeit gibt. Padmapani, der „lotosgeborene" Erlösergott des späten Buddhismus, wurde für die Chinesen zu einer gnadenreichen Muttergottheit, die „alle Gebete hört" – wie ihr chinesischer Beiname sagt. Dieser göttliche Geschlechtswandel vollzog sich im Bewußtsein der Chinesen bis zum 12. Jahrhundert. Damit lebte der Kult einer offenbar uralten Muttergottheit wieder auf. In dem Hongkong benachbarten Macao gibt es noch heute einen von Fremden manchmal aufgesuchten Tempel, in dem die Göttin der Barmherzigkeit verehrt wird, die zugleich auch die „Göttin des südlichen Meeres" ist. Moderne Macao- und Hongkong-Chinesen gehen so weit, diese von ihnen verehrte Göttin mit der christlichen Gottesmutter gleichzusetzen. Mr. Lin von der Victoria-Insel ist davon überzeugt, daß die Göttin Kuan Yin ihm und den Seinen in *times of great trouble* bisher immer geholfen hat. Deshalb verbrennt die Familie jeweils am ersten und fünfzehnten Tag jeden Monats ein Räucherstäbchen vor dem Bildnis der Göttin. Mr. Lin fügt dieser Erklärung hinzu, daß ein mäßig großes Päckchen dieser Stäbe einen halben Hongkong-Dollar kostet. Im übrigen glaube er an alle Götter, ganz besonders aber an Tien Hou, die Königin des Himmels, deren Geburtstag am 23. Tag des dritten Monats im Mondkalender gefeiert wird. Als Ma Tsu P'o ist sie übrigens auch die Göttin der Seefahrer, die gutes Wetter und Sicherheit auf dem

Meer gewährt. Von sich aus dieses Gespräch damit abschließend, fügt mein Fahrer dann noch hinzu, daß er an alle die traditionellen Götter Chinas glaube – obwohl sie „unglücklicherweise den Menschen nicht reich machen".
Mr. Lins Vater, ein noch rüstiger Siebziger, hat eine besonders gute Beziehung zur Göttin der Barmherzigkeit. Als kürzlich das Kind eines Nachbarn krank war und die ärztlich verordnete Medizin nicht helfen wollte, half er auf folgende Weise: Die Eltern des kranken Kindes kamen herüber in die Lin-Wohnung und brachten zwei Kerzen und drei Räucherstäbchen vor dem Bildnis der Kuan Yin dar. Einige Früchte als Opfergaben wurden auf eine Schale gelegt. Sie wurden vom alten Lin nach erfolgreichem Abschluß der Zeremonie verzehrt. Namen und genauer Zeitpunkt der Geburt des Kindes wurden auf ein Papier geschrieben und dies vor dem Bild der Göttin niedergelegt. Kerzen und Stäbchen wurden angezündet, und schon bald teilte Kuan Yin dem vor dem Bildnis sitzenden Alten mit, daß die Asche der Räucherstäbchen dem kranken Kind als Medizin eingegeben werden müsse. Dies geschah – und sofort begann die Genesung des kleinen Kranken.
Interessantes gibt es übrigens von einer der beiden christlichen Nachbarfamilien, den Chins, zu berichten. Der schon betagte Vater gehört seit vierzig Jahren der protestantischen Kirche an, die Mutter trat vor sieben Jahren der Glaubensgemeinschaft des Mannes bei. Zuvor hatte sie nach eigenen Angaben keinen religiösen Glauben. Auch die Kinder waren Protestanten. Dann kam vor einer Anzahl von Jahren ein Geistlicher ins Haus und wollte anläßlich einer Kindtaufe zwanzig Hongkong-Dollar Gebühr von den Chins. Daraufhin traten alle Familienmitglieder zum römisch-katholischen Glauben über. Sie erklärten, daß Protestanten wie Katholiken ja an den gleichen Gott glaubten.
Diese Sachlichkeit im religiösen Denken der Lins und Chins ist typisch für die heutigen Hongkong-Chinesen. Seit jeher ersetzte die Sachlichkeit bei den Chinesen jene religiöse Inbrunst, die beispielsweise die meisten Inder kennzeichnet. Doch der Lebensstil im heutigen Hongkong fördert offensichtlich jenes kühle, manchmal auch eiskalte Zweckdenken um Nützlichkeitseffekt und Reichtum. Wie weit entfernt ist doch dieses moderne Zweckdenken der Hongkong-Chinesen von jener Forderung des „alten Weisen" Laotse nach *wu wei,* dem Wirken ohne zu handeln.
Wu wei – „Wirken ohne zu handeln" – wie wenig gilt diese Forderung im heutigen Hongkong. Ist doch die imponierende Silhouette dieser Wolkenkratzerstadt eine einzige, ungeheuerliche Manifestation des Handelns, man könnte fast sagen, des Handels im niedersten, brutalsten Sinne des Wortes. Ist die Lehre des „alten Weisen" Laotse eine Elite-Weltanschauung, so muß man das moderne Hongkong als ein wahrhaft ordinäres Gemeinwesen bezeichnen – weit abseits jener entrückten Vollkommenheit, die in der Lehre vom Tao und vom Nicht-Handeln ihren Ausdruck fand, und die Jahrtausende hindurch gebildeten Chinesen als das Endziel menschlicher Entwicklung schlechthin galt.
Der Geist Hongkongs entspricht vielmehr einem anderen altchinesischen Symbol, nämlich dem Drachen. Der Name Kowloon (chinesisch: Chin Lung = Neun Drachen) erhält so eine tiefsinnige Bedeutung. Eines der wichtigsten Sinnbilder chinesischer Kunst ist das Motiv „Drache-Perle". Es hat seit der klassischen Ming-Zeit im 15. Jahrhundert ungezählte Darstellungen erfahren. In wilden körperlichen

Zuckungen, die Ausdruck des ungezähmten Willens zum Handeln sind, reckt sich der Drache empor bis in die Wolken des Himmels. Seine Gliedmaßen sind vorgereckt, seine Krallen gespreizt, habsüchtig blicken die Augen. Vor seinem weit und gierig aufgerissenen Rachen schwebt in Wolkenschleiern die Perle der Vollkommenheit. In ihrer runden Gestalt ist sie das Symbol für Unendlichkeit, in ihrer weißen Farbe das Sinnbild für Reinheit und Unberührtheit. Der Drache versucht unablässig, die Perle zu schnappen, doch es gelingt ihm nie. Unberührt bleibt sie auf ewig vor seinem gierigen Maul schweben. Diese Allegorie beherrschte seit jeher die chinesische Kunst, wie sie auch die Grundlage chinesischer Kosmologie ist. – Hongkong, diese gigantische Manifestation des ungezügelten, menschlichen Tätigkeitsdranges und Gewinnstrebens – ist eine echte Manifestation jener Kräfte, die sich für den Chinesen im Drachen darstellen.
Den verstorbenen Ahnen schreiben auch moderne Hongkong-Chinesen einen geheimnisvollen, aber wirksamen Einfluß auf Leben und Wohlergehen der Lebenden zu. Bei allen festlichen Gelegenheiten sind sie unsichtbar anwesend. Daher zollt man ihnen Verehrung, opfert ihnen und speist sie wie Lebende. Es ist merkwürdig, daß bei diesem so ausgeprägten Ahnenkult ein Sinngehalt für das Leben nach dem Tode nicht existiert. Vielmehr ist der praktisch betriebene Ahnenkult nur auf das diesseitsbezogene Wohlergehen der Lebenden wie auch der Toten gerichtet.
Mitten in den New Territories liegt der größte Ahnentempel der Hongkong-Chinesen. Der Hauptbau wurde als Kopie der klassischen Ming-Architektur der Regierungszeit Yung-lo (1402–24) errichtet. Die Elemente des Bauwerks, die Säulen, die tragenden Balken, aber auch die Dachsparren und Konsolen sind reich geschnitzt und bunt bemalt.
Dieser Tempel dient dem Andenken der verstorbenen Ahnen besonders wohlhabender Hongkong-Chinesen. Normalerweise widmet man den Verstorbenen eine ausgesucht schöne Ecke im eigenen Wohnhaus. Hier aber werden ihre Namenstafeln, meist sogar mit Bildern versehen, im Tempel aufgehängt. Bis zu 20000 Hongkong-Dollar sollen für einen solchen Platz gezahlt werden. Alle diese zahlreichen Ahnentäfelchen – sie sind nur sehr klein – sind an den Wänden rings um Standbild und Altar des Konfuzius angebracht. Auf niedrigen Tischen davor werden die meist aus frischen Früchten bestehenden Opfergaben und das Räucherwerk abgestellt.
Hat man Glück, so kann man in diesem Totentempel der New Territories auch die Vorbereitungen für eine Totenzeremonie beobachten. Taktgefühl sollte den Fremden freilich davor zurückhalten, an der sehr einfachen Zeremonie selbst teilzunehmen. Genaugenommen handelt es sich dabei um die Übersiedlung der Totenseele in den Ahnentempel. Der Leichnam wurde meist zuvor in Hongkong oder Kowloon eingeäschert oder begraben.
Wie sachbezogen sind doch diese Vorstellungen von der Totenseele und ihren Bedürfnissen. Da steht eine aus Holz, weißem und buntem Papier gefertigte Treppe bereit – im Puppenstubenstil natürlich. – Über sie wird der Tote dann das Diesseits verlassen. Eine buntgekleidete Puppe ist gleichsam der Stellvertreter des Verstorbenen. Daneben sieht man vielleicht in Spielzeuggröße Nachbildungen vom Wohnhaus des Toten, von seinen Einrichtungsgegenständen. Nichts wurde ver-

gessen: weder die Blumentöpfe auf der Fensterbank noch der Polsterstuhl, der Fernseher oder der Ventilator. Sogar die Hausschuhe stehen neben dem Sessel. Kaum zu glauben: Jene modernen Chinesen, die mit ihrer Geschäftstüchtigkeit die Wolkenkratzer von Hongkong erbauten, und deren Realitätssinn geradezu sprichwörtlich ist in der fernöstlichen Welt, besorgten für den verstorbenen Großvater, der vielleicht dem Aufsichtsrat einer großen Versicherungsgesellschaft präsidierte, diese Puppenstubeneinrichtung, damit er sich nach dem Tode ihrer bedienen möge. – Nach der eigentlichen Totenfeier werden alle diese Gegenstände verbrannt. Dadurch kommt der Tote dann erst in ihren Genuß – das ist die volkstümliche Vorstellung. In der Hollywood Road der Hongkong-Insel liegt der Man Mo-Tempel. Man bedeutet „zivil“ und mo „kriegerisch“. Er ist zwei Göttern gewidmet, dem „King-Emperor“ Man und dem „Holy King-Emperor“ Kuan. Die Objekte der Verehrung sind der Gott der Literatur, der zur T'ang-Zeit gelebt und ein Gelehrtendasein geführt haben soll, und der Kriegsheros Kuan Yü aus dem dritten Jahrhundert oder der „Periode der Drei Reiche“. Im Innern dieses Tempels, das meist dichte Schwaden von Räucherwerk durchziehen, kann man sowohl die vor den Bildnissen beider Gottheiten niedergelegten Opfergaben der modernen Hongkong-Bewohner betrachten wie auch zuschauen, wenn alte Mütterchen genauso erwartungsvoll wie die jungen Leute ihre Orakelhölzer auf den Steinboden werfen. Der fremde Besucher wird hier durchaus nicht als störend empfunden – wenn er sich nur zurückhaltend benimmt und vielleicht noch eine Spende in den dafür bestimmten Holzkasten wirft. Denn von diesen Spenden wird das mit dem Tempel verbundene moderne Hospital in der benachbarten Tai Ping Shan-Street unterhalten.
So haben die modernen Hongkong-Chinesen offensichtlich eine gründliche Abkehr von der traditionellen Lehre vom Tao und vom Gesetz des Wirkens ohne zu handeln vollzogen. Aktivität ist geradezu ihr Lebensprinzip. Die seit jeher stark betonte Zweckbezogenheit allen Handelns wird damit auf allen Ebenen des Lebens im heutigen Hongkong offenkundig.

F. W. Funke, Im Zeichen des Drachen (Auszug), in: Merian, Hongkong und Macao, Hoffmann & Campe, Hamburg 1979, S. 70–76.

## *2.3.5 Die chinesische Volksreligion gestern und heute*

Neben dem Konfuzianismus, dem Taoismus und dem Buddhismus gab es im China der Kaiser eine diffuse, sog. „buddho-taoistische Volksreligion“. Im Laufe ihrer erkennbaren Geschichte (seit der Han-Zeit) nahm sie Götter und religiöse Observanzen aller Richtungen, die in China vorkamen, an – vom Schamanismus und Animismus bis zum Christentum. Die zumeist ungebildeten Volkspriester wußten oft nicht zu sagen, zu welcher Religion ihr Tempel ursprünglich gehörte. Diese eigentlich kaum definierbare Religion hatte ihre größte Anhängerschaft im breiten Volk, weniger unter Gebildeten. Die kaiserliche, orthodoxe Bürokratie beobachtete Priester und Gläubige mit Mißtrauen und voller Verachtung einerseits; andererseits nutzte sie den Glauben an Höllenstrafen und Karma-Ausgleich zur Aufrechterhaltung von Recht und Ordnung im Staate. Die Volksreligion überlebte die Revolution von 1911/12 und ist heute noch unter Chinesen außerhalb der VR China lebendig.

### *I. Götter*

Die Götter *(shen-ming)* der Volksreligion sind unzählbar. Unter ihnen finden sich – regional verehrt – vergottete Menschen, die sich in der Geschichte als Heroen hervorgetan hatten und durch das Theater popularisiert worden waren. Szenen aus dem Erdenleben von Gottheiten werden oft auf Tempelwänden abgebildet.
Überall trifft man die lokale Erdgottheit *(t'u-ti kung)*, die in Dörfern, bei Grabstätten und auf Feldern ihre Opferstätten hat; die angesehenen Geomanten *(feng-shui shih)* sind auf Zusammenarbeit mit dieser Gottheit angewiesen. Halboffiziellen Charakter hat der noch zur Volksreligion zählende Stadtgott *(ch'eng-huang shen)*, oft die Apotheose eines guten Beamten, der dem Stadtmandarin, wenn dieser schwierige Probleme hat und darum im Tempel übernachtet, im Traum erscheint und ihn berät und der auch die erste „Grob-Einteilung" von Verstorbenen in Gute und Böse vornimmt. Überregional wird Kuan Yü verehrt, der Gott der Krieger, der Händler und vor allem des Tai Shan (hl. Berg in Shantung), wo sich der wichtigste Einstieg in die Unterwelt befinden soll. Somit ist der Gott kompetent für Begräbnisriten und Höllenprobleme. In Küstengebieten von Mittelchina und auf Taiwan wird die Schutzgöttin der Schiffer Ma-tsu verehrt. Aus dem Taoismus geborgt wurde der Großgott Jadekaiser *(Yü-huang Shang-ti)*, während die Göttin der Barmherzigkeit Kuan-yin (Awalokiteschwara) und Ti-tsang (Kschitigarbha) vom Buddhismus übernommen wurden. Der chinesische Kaiser hatte über die unzähligen Lokalgötter eine gewisse Jurisdiktion. Wenn pflichtvergessene Regengötter bei Dürreperioden nicht Abhilfe schufen oder andere Götter sich als bestechlich und korrupt erwiesen, konnte der Kaiser sie degradieren oder gar absetzen.

### *II. Gemeindeleben*

Volkstempel sind Mittelpunkte des Gemeindelebens. In ihnen befindet sich, wichtiger noch als die Götterbildnisse, das Weihrauchbecken *(hsiang-lu)*, oft mit Jahreszahl der Tempelgründung. Die zum Weihrauchbecken gehörige Gemeinde *(lu-hsia)* entnimmt dem zentralen Tempelbecken Asche für die Becken ihrer Hausaltäre zum Zeichen der Gemeinde-Zusammengehörigkeit. Höhepunkte des Gemeindelebens sind das Neujahrsfest, der Geburtstag des Tempelgottes sowie Prozessionen des Gottes durch seine „Pfarre". Die Volkspriester, die „Meister der magischen Künste" *(fa-shih)* heißen oder, auf Taiwan, „Rotköpfe" *(hung-t'ou)* wegen ihres Kopfschmuckes, fungieren als Exorzisten. Sie stoßen in ihr Muschelhorn und schwingen Schwerter, um die Dämonensoldaten *(kuei-tsu)* zur Abwehr von Bösem zu mobilisieren. In Prozessionen sitzt der „Rotkopf" oft als Medium in Babykleidern hinter dem Götterbildnis auf der Sänfte mit durchspießten Wangen, vom Schwerte gräßlich zugerichtet und dergestalt die Sünden der Gemeinde büßend.
Für die periodisch wiederkehrenden „Exerzitien der Gemeinde" *(chiao)* engagiert der Superintendent *(lu-chu)* taoistische Priester *(tao-shih)*, seltener buddhistische Priester. Anlässe für Exerzitien sind die Restaurierung und Neukonsekrierung eines Tempels, Gebetstage für den Frieden der Welt, gegen das Eintreten von Naturkatastrophen usw. Religiöser Taoismus und Volksreligion sind bei solchen Anlässen kaum zu unterscheiden. Symptomatisch jedoch ist die Tatsache, daß „rotköpfige Volkspriester" von diesen Feierlichkeiten ausgeschlossen bleiben.
Der Tempelbezirk steht nicht nur religiösen Aktivitäten zur Verfügung. Der Lung-shan-Tempel im Bezirk Wan-hua von Taipei z. B. ist auch eine Art Wertpapierbörse für Kaufleute,

die ehemals in Ch'üan-chou lebten. Betrügereien im Angesicht der Götter hielt man wohl für unwahrscheinlich.
Sünden wider Götter-, Menschen- und Mönchsordnungen werden auf Erden durch Krankheiten oder im Jenseits durch Strafen in ca. 10 Höllen (ti-yü) geahndet, die der Wiedergeburt vorgeschaltet sind. In Höllendarstellungen finden sich zahlreiche Formen des Strafvollzuges früherer Zeiten. Die Höllenbürokratie ist ein Spiegelbild des weltlichen Amtsapparates. Gute Bücher *(shan-shu)*, eine Art Erbauungsliteratur, sind mit guten Ermahnungen und Androhungen von Höllenpein angefüllt, um die Menschen der weltlichen und geistlichen Obrigkeit untertan zu erhalten. Bei Höllenstrafen wegen Sexualvergehen kommt die ganze konfuzianische Prüderie zum Ausdruck.

*III. Entwicklung in neuerer und neuester Zeit*

Die Volksreligion wurde in China von den Machthabern generell verachtet. In Lokalchroniken wird sie unter „Gebräuche" *(feng-su)* rubriziert und mit dem Terminus „unzüchtige Kulte" *(yin-ssu)* belegt. Nach der Revolution von 1911/12 zerstörte die kulturelle Erneuerungsbewegung so viele Tempel, daß die Stätten des Volkskultes in ganzen Provinzen ausgerottet wurden. Auch während des *Nord-Feldzuges* (1927) wurden zahlreiche Zentren der Volksreligion zerstört. Wenn auch die Volksreligion auf Taiwan und bei anderen nicht in der VR China lebenden Chinesen noch geübt wird, so ist sie doch, zugleich mit dem Anwachsen der allgemeinen Schulbildung und der Auflösung der Großfamilie in einer wachsenden Industriegesellschaft, im Schwinden begriffen.
Der Artikel 88 der Verfassung der VR China vom 20. Sept. 1954 wie auch Artikel 28 des neuen Verfassungsentwurfes vom Jahre 1970 sprechen lediglich von der Freiheit bzw. dem Recht, einem religiösen Glauben anzugehören. Alle sichtbaren Ausübungen des Glaubens jedoch werden unterdrückt. Der bunte Volksglaube ist darum den größten Repressalien unterworfen worden. Die zahlreichen noch verbliebenen Tempel gingen wirtschaftlich zugrunde, weil z.B. die Landleute nicht mehr kamen, um auf Tempelmärkten ihre Produkte feilzubieten; früher hatten die Tempel vom Verkaufserfolg profitiert. Eine ganze mit dem Tempeldienst zusammenhängende Industrie, die von der Herstellung und dem Verkauf von Weihrauchstäbchen, Papiergeld und Passierscheinen fürs Jenseits und anderen Devotionalien lebte, ging wegen allzu hoher Besteuerung zugrunde. Viele Tempel wurden auch „zum Schutze der Jugend" geschlossen. Götterverehrung und Prozessionen wurden so unmöglich gemacht. Die meisten Tempel blieben trotzdem im „Dienst des Volkes", indem sie zu Lagerhäusern, Gefängnissen, Kasernen usw. umfunktioniert wurden. Das Neujahrsfest, jetzt Frühlingsfest genannt, und das volksbuddhistische *Ch'ing-ming-Fest*, da man auf Friedhöfen „die Gräber fegte" *(sao-mu)*, wurden in sozialistische Veranstaltungen umgewandelt. Den Exorzismen und Heilungsversuchen der Volkspriester wird die Effektivität moderner Wissenschaften entgegengesetzt. *Religion*, und insbesondere Volksreligion, ist darum in der VR China in schnellerem Rückgang begriffen als anderswo.

W. Franke (Hrsg.), China Handbuch, Westdeutscher Verlag, Opladen 1978,
Sp. 1519–1521.

# 3 KONFUZIUS UND DER KONFUZIANISMUS

## 3.1 Vorbemerkung

Seit mehr als zwei Jahrtausenden haben die Gedanken des Konfuzius (551–479 v. Chr.) und seiner Anhänger den chinesischen Kulturkreis geprägt. Die festen Wertvorstellungen des Konfuzius haben Familie und Staat geformt. Aber nicht nur China selbst, sondern auch Japan, Korea und Vietnam hat der Konfuzianismus beeinflußt. Die unbedingte Ergebenheit des Japaners zu seiner Firma und das väterlich-fürsorgliche Verhalten des Konzerns gegenüber seinen Mitarbeitern kann man nur vom Konfuzianismus her begreifen. Auch die Doktrin der Volksrepublik China lebt – trotz aller marxistischen Gedanken – wesentlich von Konfuzius; von Amts wegen ist seine Lehre zwar in China verboten, aber Mao selbst griff immer wieder auf seine Gedanken und Bilder zurück.

Der heutige Mittelpunkt des Konfuzianismus ist Korea, insbesondere der große Konfuziustempel in Seoul; in Südkorea rechnet man mit knapp 5 Millionen Konfuzianern, während ihre Zahl weltweit nicht festzustellen ist. Die Angaben schwanken zwischen 50 und 200 Millionen; dies ist dadurch bedingt, daß man über keine Religionsstatistik der Volksrepublik China verfügt. Im ostasiatischen Raum sind die Ideale des Konfuzius heute noch überall gegenwärtig.

Es ist nicht ganz unumstritten, ob es sich beim Konfuzianismus im strengen Sinne um eine Religion handelt. Für den Konfuzianismus selbst ist diese Frage einfach zu beantworten: Konfuzius wurde als Gottheit verehrt, wenn er auch erst im Jahre 1906 offiziell durch kaiserliches Edikt dem Himmelsgott gleichgestellt wurde; man brachte ihm in China bis zum Jahre 1927 öffentliche Opfer dar. Was die Verkündigung des Konfuzius selbst angeht, muß man zugestehen, daß zwar die Frage nach der Existenz der Götter von ihm wenig bedacht wurde, aber ihr Walten und die ihnen gebührende Verehrung vorausgesetzt wurde. Zugleich beruht die ganze Ethik des Konfuzius auf Wertvorstellungen, die metaphysischer Art sind. Die Normen sind für ihn im Tao begründet, dem großen Lebensgesetz, dem alle und alles folgen müssen. Das Tao ist unfaßbar und unbegreifbar; es ist – europäisch gesagt – das Göttliche. Deshalb ist die Lehre des Konfuzius eine Religion, die ethische Verhaltensweisen in den Mittelpunkt stellt, diese aber im Tao verankert. Wir haben hier den Typ der strengen Gesetzesreligion.

## 3.2 Das Leben des Konfuzius

Im 6. vorchristlichen Jahrhundert war die Glanzzeit der Chou vorbei. Dem König waren in seiner Hauptstadt Loyang nur noch die klassischen priesterlichen Funktionen geblieben; um die weltliche Macht stritten sich die Lehnsherren. An ihren Höfen führten sie ein prunkvolles und ausschweifendes Leben. Aber auch die Herrschaft der Feudalherren über ihre Lehen war nicht unangefochten: Die reichen Adelsfamilien schielten ebenfalls nach der Macht; oft kam es vor, daß einer der Lehnsherren durch die Machenschaften eines seiner Untergebenen abgesetzt wurde. Die wirtschaftliche Lage der Bauern verschlimmerte sich. „Weise Herrscher erheben sich nirgends, und die Fürsten der Staaten lassen ihren Lüsten die Zügel schießen. In ihren Ställen stehen fette Tiere und in ihren Marställen fette Pferde; aber ihr Volk sieht verhungert aus, und auf ihren Feldern gibt es Menschen, die Hungers sterben.“ So beschrieb der Konfuzius-Schüler Mencius die Nöte der Zeit, in der Konfuzius geboren wurde.

Konfuzius. Abdruck von einer Steintafel, datiert 1734.

Über das Leben des Konfuzius wissen wir nur wenig. Im Jahre 551 v. Chr. wurde K'ung Fu Tzu (Meister Kung), latinisiert Konfuzius, in Tschefo in der Provinz Shantung geboren. Sein Vater, der ursprünglich Soldat gewesen war, hatte dort eine Stelle als Statthalter inne; er starb aber bereits 548 v. Chr., so daß die Familie in tiefe Armut geriet. Von der Mutter des Konfuzius wissen wir nur, daß sie sehr jung war (etwa siebzehnjährig), als sie ihn gebar. Sie schien ihren Sohn streng erzogen zu haben. Bereits mit 15 Jahren beschloß Konfuzius, sich „ernsthaft aufs Lernen zu verlegen“, wie er selbst berichtet. Allerdings hatte er dazu zunächst keine Gelegenheit; die bittere Armut der Familie zwang ihn, bereits mit 17 Jahren einen Beruf zu suchen. Er wurde kleiner Beamter, der über die Getreidevorräte seines Lehnsherren Buch zu führen hatte. Diesen Beruf faßte er so gewissenhaft auf, daß er die Leitung eines landwirtschaftlichen Betriebes übertragen bekam. Jede freie Stunde nutzte er, um die alten Handschriften zu studieren, so daß er sich bald das gesamte überlieferte Wissen seiner Zeit angeeignet hatte. Der Sitte gemäß heiratete er im Alter von 19 Jahren; es war keine Liebesheirat, die ihm Glück gebracht hätte. Schon nach wenigen Jahren trennte er sich von seiner Frau; auch zu seinem einzigen Sohn hatte er nie ein tieferes Verhältnis gewonnen.

Als Konfuzius 22 Jahre alt war, hatte sich der Ruf seiner Gelehrsamkeit so weit verbreitet, daß er seinen bisherigen Broterwerb aufgeben und von den Spenden seiner Schüler leben konnte. Als Revolutionäre seinen Landesherrn gestürzt hatten, flüchtete Konfuzius mit ihm zusammen in den Nachbarstaat Tsi. Aber nach zwei Jahren kehrte er enttäuscht nach Lu zurück: Seine Vorstellungen vom idealen

Herrscher und dem gerechten Staat waren gescheitert. Trotz der unsicheren politischen Verhältnisse lehrte er nun 18 Jahre lang in seinem Heimatstaate Lu. Jedes öffentliche Amt, das man ihm anbot, lehnte er ab: „Wenn in einem Lande Ungerechtigkeit und Unordnung herrschen, so ist es eine Schande, ein amtliches Einkommen zu beziehen.“ Als jedoch sein früherer Landesherr im Jahre 501 v. Chr. zurückkehrte, ließ er sich von ihm zum Bürgermeister der Stadt Tschung-tu ernennen. Schließlich wurde er Justizminister, so daß er nun versuchen konnte, seine politischen Reformgedanken in die Praxis umzusetzen. Aber bereits nach drei Jahren trat er zurück und verließ seine Heimat im Alter von 54 Jahren. Den Grund seines Rücktrittes kennen wir nicht. Vermutlich hatte er sich mit seinem Fürsten überworfen; denn nun versuchte Konfuzius, zusammen mit einigen Freunden seine Dienste anderen Lehnsherren anzubieten. Aber keiner wollte den Reformer haben. Konfuzius sah sein Lebenswerk gescheitert. Im Alter von 69 Jahren kehrte er – dank der Fürsprache eines ehemaligen Schülers – wieder nach Lu zurück, wurde aber nicht mehr in den Staatsdienst übernommen. Aus eigenem Antrieb und persönlichem Interesse an der chinesischen Geschichte sichtete er die Urkunden des alten China und sammelte die Lieder seines Volkes. Einsam und verzweifelt starb er im Alter von 73 Jahren (479 v. Chr.), ohne daß er den Erfolg seiner Lehren erlebt hätte.

Konfutses Geburtstag wird von den rotgekleideten Zöglingen der Sung Kjun Kwan-Akademie in Seoul (Korea) feierlich mit Huldigungsreden, Opfergaben und kultischen Tänzen begangen.

Konfuzius selbst hat sich nie als Reformer oder Reformator verstanden. Seine Ziele waren: die alten Überlieferungen zu sammeln, seinen Zeitgenossen die Könige der Shang-Zeit als Vorbilder hinzustellen, die Sitten des Volkes und der Herrschenden zu festigen und die Götter und Ahnen zu verehren. Er schrieb: „Ich habe oft ganze Tage ohne Nahrung und ganze Nächte ohne Schlaf verbracht, um nachzudenken. Es brachte keinen Nutzen. Besser ist es, sich die Erkenntnisse der Alten lernend anzueignen." Und: „Die alten Wahrheiten übermitteln und nichts Neues gestalten, mit den Idealen der Alten vertraut werden und sie lieben; ich wage es, mich darin mit unserem alten Pang (unbekannter Philosoph, d. V.) zu vergleichen."

## 3.3 Die Lehre des Konfuzius

### *3.3.1 Der Begriff Jen und seine Entfaltung*

Der Schlüsselbegriff der Lehre des Konfuzius ist „*Jen*". Er bedeutet Tugend, Güte, Großherzigkeit, Mitmenschlichkeit. Einmal fragte ein Schüler den Meister, was den höheren Menschen ausmache. Der Meister erwiderte: „Er bemüht sich ernsthaft um seine Vervollkommnung." Der Schüler antwortete: „Ist das alles?" Der Meister entgegnete: „Er müht sich um seine Vervollkommnung, um alle Menschen glücklich zu machen."
Die ursprüngliche Bedeutung des Schriftzeichens *Jen* bezeichnet das, was zwei Menschen gemeinsam ist, was beide verbindet. Diese Beziehung ist spezifisch menschlich, denn sie besteht nicht zwischen Menschen und Tieren. Konfuzius selbst sprach oft von der Liebe zum Mitmenschen. Ein alter Kommentar sagt: „*Jen* bedeutet, die anderen Menschen mit fröhlichem Herzen zu lieben; *Jen* kommt aus dem innersten Herzen." Diese Güte erheischt keinen Lohn; sie ist sogar bereit, notfalls das eigene Leben zu opfern. Konfuzius nahm an, diese Liebe sei dem Menschen angeboren.
In dem Begriff *Jen* verankerte Konfuzius auch die sogenannte Goldene Regel: „Wenn du hinausgehst in die Welt, so verhalte dich, wie wenn du bei einem Empfang vor dem Kaiser wärest. Wenn du mit dem Volk umgehst, so verhalte dich, wie wenn du dem Himmel ein Opfer darbrächtest. *Was du selbst nicht wünschst, das tu auch keinem andern!* Gib weder in deinem öffentlichen Leben im Staat noch in deinem privaten Leben in der Familie Anlaß zur Klage gegen dich!" Und weiter: „Ein Schüler fragte: ‚Gibt es ein Wort, das einen durchs ganze Leben führen kann?' Der Meister antwortete: ‚Ist das nicht das Wort ‚Gegenseitigkeit'? *Was du selber nicht wünschst, das tue auch keinem anderen!*'".

Wie aber entfaltet Konfuzius den allgemeinen Begriff des *Jen*? Er zählte einzelne Tugenden auf: Hsiao (Ehrfurcht), Te (die einzelne Tugend allgemein), Yi (Rechtschaffenheit) und Li (Riten).
Der Begriff „Hsiao" (Ehrfurcht) umfaßt die fünf Beziehungen, zu denen jeder Mensch verpflichtet ist: erstens sollen die Kinder ihre Eltern ehren (das schließt den Ahnenkult ein), zweitens soll der Untertan dem Herrscher gehorchen, drittens hat der jüngere Bruder dem älteren untertan zu sein, viertens soll der jüngere

Freund den älteren achten und fünftens die Gattin ihrem Mann folgen. In diesen fünf mitmenschlichen Beziehungen sieht Konfuzius den Eckstein für das Zusammenleben der Menschen.

Der Begriff „Te" (Tugend) bezeichnet im Gegensatz zu *Jen* (als Oberbegriff) die einzelnen Tugenden. Die Lun-Yü zählen viele Einzeltugenden auf, meist in Neuner- und Fünfergruppen. Wesentliche Te sind zum Beispiel Weisheit, Mut, Glaubwürdigkeit, Gehorsam und Gegenseitigkeit. Typisch ist folgender Ausspruch des Meisters: „Fünf Dinge muß man auf Erden durchführen, dann ist man sittlich vollkommen: Würde, Duldsamkeit, Wahrhaftigkeit, Fleiß und Güte. Würde verhindert Mißachtung, Duldsamkeit gewinnt Zuneigung, Wahrhaftigkeit schafft Vertrauen, Fleiß bringt Erfolg, Güte findet überall Unterstützung."

Besonders wichtig sind die „Li", die Riten. Die Li als Teil des *Jen* sind einer der Zentralbegriffe des Konfuzius. Man übersetzt „Li" am besten mit „Formen", „Riten". Die innere Gesinnung eines Menschen ist nach Meinung des Konfuzius nicht erkennbar; deshalb bedarf sie der äußeren Form: „Ehrerbietung ohne Form (Li) wird Kriecherei, Mut ohne Form wird Auflehnung, Aufrichtigkeit ohne Form wird Grobheit." Während in der Shang-Zeit Li die Zeremonien der Ahnenverehrung und andere religiöse Rituale meinte, bezeichnete Konfuzius mit diesem Begriff das richtige, formvollendete, der Situation angemessene Verhalten.
Die Li geben aber nicht nur der inneren Gesinnung die ihr entsprechende äußere Form, sondern sind gleichzeitig Erziehungsmittel. Sie erziehen die Menschen dazu, in Harmonie mit dem Makrokosmos, dem Tao, zu leben. Insofern drücken die Li die Gesetze des Alls und der Erde aus; sie sind die menschliche Seite des Tao. Konfuzius ist sich darüber im klaren gewesen, daß die Beachtung äußerer Formen noch lange nicht innere Anteilnahme bewirkten. Deswegen weist er immer wieder daraufhin, daß die Li im *Jen* verankert sein müssen: „Wer von rechter Gesinnung ist, wird sicher immer den rechten Ausdruck finden; doch wer den rechten Ausdruck findet, braucht darum noch nicht notwendig rechte Gesinnung haben. Der Mensch von sittlicher Haltung ist sicher immer mutig; doch der Mutige braucht noch nicht notwendig sittliche Haltung haben."

### *3.3.2 Das Ideal des vollkommenen Menschen (Hsün-tzu)*

Konfuzius setzte voraus, daß sich die Gemeinschaft aus einzelnen Menschen aufbaut. Deshalb gründet sich seine ganze Ethik auf die Sittlichkeit des Einzelnen. Die ethischen Forderungen, die er an den Menschen stellte, gipfeln in dem Ideal vom vollkommenen Menschen. Aber im Gegensatz zu Buddha will Konfuzius nicht die Selbstvervollkommnung um der eigenen Erlösung willen, sondern er sieht den Menschen immer als soziales Wesen, das die Gemeinschaft durch seine Tugenden zu fördern und zu erhalten hat. Für Konfuzius sind die Taten schlecht, die Familie und Staat zersetzen; gut ist das, was den Mitmenschen hilft. Konfuzius fordert den Einzelnen dazu auf, seine Persönlichkeit zu bilden; Maßstab ist die Goldene Regel: *„Füge keinem anderen zu, was du selber nicht wünschest."*
Ursprünglich hatte der Begriff Hsün-tzu die Söhne des Fürsten, die Prinzen, bezeichnet. Hsün-tzu war der standesgemäß Erzogene; er beherrschte die ritterlichen Tugenden, Bogenschießen und Wagenlenken. Konfuzius hingegen formt den

Begriff Hsün-tzu um und verinnerlicht ihn: Hsün-tzu ist jetzt der Mensch, der ruhig und ausgeglichen ist, der die Goldene Regel einhält und ein nützliches Glied seines Staates ist. Nur derjenige, der sein Leben lang die Überlieferungen achtet und sich die Moral der Alten zu eigen macht, ist der vollendete Mensch. Was Konfuzius über sein eigenes Leben sagt, zeigt, was er meint: „Mit 15 Jahren stand mein Wille fest, mich ernsthaft dem Lernen zu widmen, mit 30 standen meine Meinungen und meine Urteile fest, mit 40 hatte ich keinen Zweifel mehr, mit 50 erkannte ich das Gesetz des Himmels, mit 60 verstand ich ohne Mühe, was ich hörte, mit 70 konnte ich den Wünschen des Herzens folgen, ohne das Maß zu überschreiten."
Wissen und Mut sind für Konfuzius selbstverständliche Voraussetzungen für den edlen Menschen. Wer aber gegen die Ideale des Hsün-tzu verstößt, braucht sich nicht als Sünder zu fühlen. Konfuzius kennt den Begriff „Sünde" nicht; der Mensch, der gefehlt hat, soll auf den rechten Weg zurückkehren und weiter seine Pflicht tun; dann ist dem Tao Genüge getan.

Nur der Beste darf Staatsämter übernehmen. Nur wer das Ideal des Hsün-tzu verwirklicht hat, hat das Recht, König zu sein. Wie Platon, der einen Staat der Philosophen vertritt, wünscht auch Konfuzius einen Staat von Weisen denn nur das persönliche Vorbild des edlen Herrschers bedingt, daß im Staate Ordnung und Tugend herrschen und die Untertanen sich nach Recht und Gesetz richten.

„Ein Schüler fragte den Meister, was man tun müsse, um gut zu regieren. Der Meister antwortete: ‚Bei der Führung einer Regierung gibt es fünf gute Grundsätze, um hochgeachtet und im Gedächtnis gehalten zu werden, und es gibt vier schlechte Grundsätze, um verhaßt zu werden.' Der Schüler fragte: ‚Welches sind die fünf guten Grundsätze, um hochgeachtet und im Gedächtnis gehalten zu werden?' Der Meister sprach: ‚Erstens, dem Volk wohl zu tun, ohne den Reichtum des Landes zu verschwenden; zweitens, das Volk zu Diensten heranziehen, ohne seinen Unmut zu erregen; drittens, Forderungen erheben, ohne nach persönlichem Vorteil zu schauen; viertens, Hoheit haben, ohne hochmütig zu sein; fünftens, Ehrfurcht gebieten, ohne hart zu sein.' Der Schüler fragte: ‚Was meinst du damit, dem Volk wohl zu tun, ohne den Reichtum des Landes zu verschwenden?' Der Meister antwortete: ‚Das Volk zu einträglicher Arbeit von bestmöglichem Nutzen anhalten, ohne ihm Unterstützung aus öffentlichen Mitteln zu geben; das ist es, was gemeint ist mit dem Wort: dem Volk wohltun, ohne den Reichtum des Landes zu verschwenden. Wenn man bei der Heranziehung des Volkes zu Zwangsdiensten und Arbeit fürs öffentliche Wohl die auswählt, die sie am besten leisten können, wer wird da Ursache zur Klage haben? Begehre nur Dinge zur sittlichen Förderung des Volkes, und du kommst nie in die Gefahr, gewinnsüchtig zu sein. Wenn ein Herrscher die Menschen nie geringschätzig behandelt, ob er es mit der Masse oder mit einzelnen, mit Hohen oder Niedrigen zu tun hat, das ist es, was gemeint ist mit dem Wort: Hoheit haben, ohne hochmütig zu sein. Und schließlich, wenn der Herrscher über seine Haltung und sein Benehmen wacht und auf jede Geringfügigkeit in seiner Kleidung achtet, weil durch all dies die öffentliche Meinung günstig beeinflußt wird – das ist es, was gemeint ist mit dem Wort: Ehrfurcht gebieten, ohne hart zu sein.' Der Schüler sprach: ‚Jetzt verstehe ich. Aber was meinst du mit den vier schlechten Grundsätzen, von denen du gesprochen hast?' Der Meister antwortete: ‚Der erste ist Grausamkeit. Damit meine ich, das Volk nicht zu unterweisen und trotzdem Handlungen, die aus Unkenntnis begangen werden, mit dem Tode zu bestrafen. Der zweite ist Gewalttätigkeit. Damit meine ich, die sofortige Erfüllung übertriebener Forderungen zu verlangen, ohne sie vorher anzumahnen. Der dritte ist Herzlosigkeit. Damit meine ich, unentschiedene, unklare Befehle erteilen und doch auf richtiger Ausführung bestehen. Und der letzte ist Kleinlichkeit. Damit meine ich, sich bei der Entlohnung seiner Untergebenen knauserig zeigen.'"

### *3.3.3 Der Himmel (Tao) und die Götter*

Nur selten äußerte sich Konfuzius über den Himmel und die Götter. Er übernahm die alte Reichsreligion und ehrte das Tao. Konfuzius setzte die Religion seiner Vorfahren voraus und untersuchte die Notwendigkeit sittlichen Verhaltens. Meistens wird Konfuzius viel zu sehr als Sittenlehrer verstanden und ihm jedes Verhältnis zur Religion abgesprochen. Dieses Mißverständnis wird ihm nicht gerecht. Für Konfuzius war Religion kein Problem, sondern selbstverständliche Grundlage des Menschen und seiner Welt. Im Gegensatz dazu war ihm in der damaligen poli-

Der Himmelsaltar in Peking entspricht mit seiner einfachen strengen Architektur dem konfuzianischen Formalismus. Hier zelebrierten die chinesischen Kaiser als „Himmelssöhne" die alljährlichen Riten.

tischen Situation das sittliche Verhalten des Herrschers und seiner Untertanen äußerst fraglich. Deswegen bedurfte jenes besonderer Aufmerksamkeit.
Der Himmel (T'ien oder Shang-ti) fühlt sich nach Konfuzius allerdings nicht mit dem Menschen verbunden; für ihn ist T'ien die kosmische Gesetzmäßigkeit, der alle Menschen – insbesondere aber der König – untertan zu sein haben. Das Tao (Weg, Bahn) äußerst sich in zwei Formen: den Riten, die das Zusammenleben der Menschen regeln, und der Musik, die die Gefühle des Menschen mit der kosmischen Ordnung in Übereinstimmung zu bringen vermag. Auch dieser Gedanke beweist, wie die gesamte Ethik des Konfuzius in der Metaphysik begründet ist. Den Glauben des einfachen Volkes an Hexen und Zauberei lehnte er jedoch ab. Konfuzius drückt selbst aus, wie sich seine Ethik zum Göttlichen (Tao, T'ien, Shang-ti) verhält: „Wer nicht den Willen des Himmels kennt, kann kein vollkommener Mensch sein."

## 3.4 Die neun klassischen Bücher des Konfuzianismus

### *3.4.1 Vorbemerkung*

Die geistige Grundlage des Konfuzianismus bilden zunächst die fünf Bücher, die Konfuzius gesammelt (in einem Fall selbst geschrieben) hat. Seit dem zweiten vorchristlichen Jahrhundert werden sie als „*Wu Ching*" (die fünf Klassiker) bezeichnet und als Kanon betrachtet. Seit dem Jahre 1190 werden ihnen von Chu Hsi, einem bedeutenden Neokonfuzianer, die „*Ssu shu*" (die vier Bücher") zugeordnet. Diese neun Werke bilden den Grundstock für das Verständnis des Konfuzianismus, seinen Kanon. Hinzu kommen noch eine Unzahl anderer nichtkanonischer Schriften.

### *3.4.2 Die Wu Ching (Die fünf Klassiker)*

*a) Das I Ching.* Das I Ching ist vermutlich das älteste Buch des Kanons und eines der wichtigsten heiligen Bücher. Manche seiner Teile dürften bis in das zweite vorchristliche Jahrtausend zurückreichen. Im Mittelpunkt des Werkes steht die Lehre vom Weltall; die Einheit von Makro- und Mikrokosmos (Universum und Erde) wird von den beiden Urkräften Yin und Yang bewirkt. Unaufhörliches, unendliches Vermischen beider Kräfte, das Stärkerwerden der einen, das Schwächerwerden der anderen gründen das gesamte Leben und Weben des Kosmos. Yang ist das männliche, helle, lichte Prinzip, das Leben und Bewegung spendet, Yin dagegen das weibliche, dunkle, ruhende und materielle Prinzip.
Das I Ching enthält 64 Hexagramme (Figuren, die aus sechs unterbrochenen und durchgezogenen Strichen bestehen); sie stellen die möglichen Kombinationen der acht Grundtrigramme (Figuren, die aus drei unterbrochenen und durchgezogenen Strichen bestehen) dar. Im Trigramm versinnbildlicht die ununterbrochene Linie die Urkraft Yang, die unterbrochene Linie das Prinzip Yin. Die I Ching Texte deuten jedes einzelne dieser 64 Hexagramme. Richtig verstanden und genau angewendet sollen sie als Orakel im täglichen Leben Gegenwart und Zukunft entschlüsseln. Auch viele Europäer behaupten, das I Ching träfe tatsächlich zu (z.B. der Tiefenpsychologe C. G. Jung [1875–1961]).

| Zeichen: | Chin. Bezeichnung | Naturkraft | Bedeutung im menschlichen Leben: |
|---|---|---|---|
| ☰ | tien | Himmel | Stärke |
| ☱ | tui | See | Lust |
| ☲ | li | Feuer | Glanz |
| ☳ | tschan | Donner | Energie |
| ☴ | siuen | Wind | Durchdringung |
| ☵ | kan | Regen | Gefahr |
| ☶ | kan | Berg | Stillstand |
| ☷ | kwun | Erde | Willfährigkeit |

Tabelle der acht ursprünglichen Trigramme (nach: Störig, Kleine Weltgeschichte der Philosophie, Stuttgart 1961, S. 101)

Früher befragten die Chinesen das I Ching mit Hilfe von fünfzig Schafgarbenstengeln; heute verwendet man jedoch drei Münzen, die man gleichzeitig wirft. Die Zahl gilt als Yin und zählt zwei, die Schrift als Yang und zählt drei. Man wirft sechsmal und erhält dadurch das Hexagramm, dessen Deutung dann im 1 Ching nachzulesen ist.

*b) Das Shih Ching* (Buch der Lieder). Es enthält 305 Lieder der westlichen Chou-Dynastie: Natur- und Liebeslieder, Opfergesänge und Ahnenhymnen. Sie sollen von Konfuzius gesammelt worden sein. Viele Dichter Chinas haben sie als Anregung benutzt.

*c) Das Shu Ching* (Buch der Urkunden). Es ist eine Sammlung von Gesetzen und Erlassen verschiedener Fürsten mit Kommentierung.

*d) Die Ch'un Ch'iu* (Frühlings- und Herbstannalen). Sie sind das einzige von Konfuzius selbst verfaßte Buch; es handelt sich um eine Chronik historischer Ereignisse seines Heimatstaates Lu vom 8. bis 5. Jahrhundert.

*e) Die Li chi* (Das Buch der Riten) behandelt die Riten für den Umgang mit den Ahnen, dem König, der Familie. Vielleicht stammt es – wenigstens teilweise – von Konfuzius selbst.

### *3.4.3 Die Ssu shu (Die vier Bücher)*

Das erste Werk sind die *Lun Yü* (Gespräche). Sie enthalten Betrachtungen und Aussprüche des Konfuzius, die zum großen Teil auf ihn selbst zurückgehen. Die Lun Yü sind eine recht unsystematische Sammlung von Themen wie „Tugend", „Der vollkommene Mensch", „Der Himmel" oder „Von der rechten Weltanschauung".

Das zweite Werk ist das Buch *Ta Hsüeh* (Große Wissenschaft). Es enthält lediglich ein besonderes Kapitel der Li chi (Buch der Riten) und behandelt die Tugenden der Herrscher und seiner Untertanen.

Das dritte Werk der Ssu shu heißt *Chung yung* und wird von der Tradition einem Enkel des Konfuzius zugeschrieben. Auch dieses Werk ist ein besonderes Kapitel der Li chi und handelt einzelne Tugenden ab. Das Chung yung hat im Konfuzianismus immer eine beherrschende Stellung eingenommen.

Das vierte Buch stammt von Mencius und heißt nach ihm *Meng-tzu*. Mencius legt darin seine Lehre über die Regierung und die Wohlfahrt des Volkes dar. Für Mencius steht und fällt das Heil des Staates mit der Ehrerbietung des Sohnes gegenüber dem Vater.

## 3.5 Schüler des Konfuzius

### *3.5.1 Vorbemerkung*

In den drei Jahrhunderten nach dem Tode des Konfuzius (479 v. Chr.) mußten seine Schüler zunächst die Lehre des Meisters sammeln und weiterentwickeln; zugleich mußten sie sich mit den anderen religiösen Strömungen in China auseinandersetzen. Drei verschiedene Schulen des Konfuzianismus haben diese Aufgabe in Angriff genommen: Mencius, Hsün-tzu und die beiden Werke Ta Hsüeh (Große Wissenschaft) und Chung yung.

### *3.5.2 Mencius (372–289 v. Chr.)*

Mencius, eigentlich Meng-Tsu, gilt neben Konfuzius als der bedeutendste Gelehrte des Konfuzianismus. Er hat die Lehre des Meisters in zweierlei Richtung weiterentwickelt: einmal in bezug auf die Anthropologie, der Frage nach dem Wesen des Menschen, zum andern in bezug auf die Politik, der Frage nach dem Wohlergehen des Volkes.

In seiner Anthropologie geht Mencius – übrigens wie Sokrates – von der Annahme aus, daß der Mensch im Grunde seines Herzens gut sei.

In uns selbst tragen wir den Schlüssel zur Erkenntnis; wir bedürfen (im Gegensatz zur Meinung des Lao-tse) nicht der Erkenntnis des Tao. Wir brauchen auch nicht die Vorbilder der Weisen.

Wenn der Mensch trotzdem Böses tut, geschieht dies aus Unwissen. Aber auch äußere Umstände wie ein schlechter Herrscher oder korrupte Beamte können den Menschen zum Bösen verleiten. Jeder soll an sich selbst arbeiten und in sich hineinhören, um die gute Stimme des eigenen Herzens zu vernehmen.

Wie Konfuzius fordert auch Mencius den Herrscher zur Tugend auf. Er wird nur durch die Fülle seines *Jen* als Herrscher legitimiert. Während aber für Konfuzius die Tugend des Königs das Wohl des Volkes gewährleistet, betont Mencius das Recht des Volkes, einen lasterhaften Herrscher abzusetzen und sogar zu töten: „'Wenn der Herrscher schwere Fehler hat, so machen sie ihm Vorhaltungen. Wenn er auf wiederholte Vorhaltungen nicht hört, so setzen sie einen anderen Herrscher ein. Wenn der Kerkermeister nicht imstande ist, seinen Kerker in Ordnung zu halten, was soll mit ihm geschehen?' Der König sprach: ‚Er soll verworfen werden.' Mencius fuhr fort: ‚Wenn Unordnung im ganzen Lande herrscht, was soll da geschehen?' Der König wandte sich zu seinem Gefolge und redete von anderen Dingen …".

### 3.5.3 *Hsün-tzu (um 298–230 v. Chr.)*

Die zweite Schule des Konfuzianismus wird durch Hsün-tzu vertreten, der in einer Zeit politischer Wirren und völliger Auflösung des Reiches lehrte. Auch in seinem Denken standen wie bei Mencius dieselben Probleme im Vordergrund: die Frage nach dem Wesen des Menschen (die Anthropologie) und die Bedeutung der rechten Regierung.

In seiner Anthropologie geht Hsün-tzu im Gegensatz zu Mencius davon aus, daß der Mensch von Natur aus böse sei: „Die menschliche Natur ist böse; das Gute ist erworben." Nur die Erziehung und damit die Umgebung ist in der Lage, das Böse im Menschen zu bändigen. Deshalb wird die Gesellschaftsordnung und ihr Erziehungswesen zum Grundpfeiler menschlichen Miteinanders; nur sie vermögen das Böse im Menschen einzudämmen. Der Mensch muß dazu gezwungen werden, die überkommenen Vorschriften der Weisen zu lernen und zu beachten. Die Begriffe Gut und Böse sind hier allerdings nicht im christlichen Sinne zu verstehen, sondern im Sinne des Konfuzius als sozialethische Kategorien, die jeder grundsätzlich erfüllen kann: „Jeder einfache Mann von der Straße kann werden wie der weise Kaiser Yü." Das Gute bedeutet, die Ordnung zu befolgen und dafür zu sorgen, daß alles der Regel entspricht.

Was die Politik betrifft, sieht Hsün-tzu die Rettung der zerfallenden Dynastie nicht nur in der Tugend des Herrschers. Hierin unterscheidet er sich sowohl von Konfuzius wie von Mencius. Vielmehr erhofft sich Hsün-tzu die Rettung des Reiches durch die Strenge der *Li*, der Riten und Zeremonien. Diese Riten versteht er rationalistischer und äußerlicher als Konfuzius. Es sind nur die strengen religiösen und ethischen Regeln, die den Menschen und den König von der Wiege bis zur Bahre geleiten. Wer diese Regeln beachtet, wird sich auch der angeborenen Unterschiede und Begabungen zwischen den Menschen bewußt.

### 3.5.4 *Chung yung und Ta-hsüeh*

Das Chung yung, das der Überlieferung nach von einem Enkel des Konfuzius stammt, stellt die metaphysische Frage nach der Ethik und ihrer Begründung in den Mittelpunkt. Die Harmonie, die goldene Mitte allen Seins, zeigt sich als ewiges Weltgesetz. Der Mensch ist dazu aufgerufen, dieses kosmische Gesetz in sich selbst zu verwirklichen. Der vollkommene Mensch ist derjenige, der mit Himmel und Erde zusammen eine Dreiheit bildet. „Sich selbst treu sein, das ist das Gesetz des Himmels; zu versuchen, sich selbst treu zu sein, das ist das Gesetz des Menschen." Die bereits bei Konfuzius vorhandene Linie, die ethischen Grundsätze im Tao zu verankern, wird hier konsequent weitergeführt, indem nach dem letzten Grund allen Seins gefragt wird.

Ähnlich wird auch im Ta Hsüeh dargelegt, wie die in der Harmonie begründete Ethik den Herrscher zur rechten Ausübung seines Amtes befähigt und seine Untertanen ihm zu gehorchen haben.

## 3.6 Die weitere Entwicklung des Konfuzianismus

### *3.6.1 Vorbemerkung*

Im dritten vorchristlichen Jahrhundert zerfiel das chinesische Reich und mit ihm der Konfuzianismus. Erst nachdem es den Han-Herrschern gelungen war, das Reich wieder zu vereinigen, erhob der Han-Kaiser Wu (140–86) den Konfuzianismus zur Staatsreligion; Wu schuf eine nach den Prinzipien des Konfuzius gestaltete Verwaltung und führte ein Prüfungssystem für die Auswahl der Beamten ein, das in der Tang-Zeit seine endgültige Form erhielt und bis 1911 Bestand hatte.

### *3.6.2 Tung Chung-shu*

Der Hauptschöpfer dieser von Kaiser Wu eingeführten konfuzianischen Staatslehre war Tung Chung-shu. Er verknüpfte die kosmologischen Spekulationen der Chou-Zeit mit der konfuzianischen Staats- und Sozialethik. Im Mittelpunkt seiner Lehre steht der Gedanke, daß der Mikrokosmos (die Welt des Menschen), dessen hervorragendster Vertreter der Kaiser war, und der Makrokosmos (das Universum), der sich in Yin und Yang aufteilte, einander entsprechen. Hinzu fügte Tung Chung-shu die Lehre von den fünf Elementen, die durch den ständigen Wechsel von Yin und Yang innerhalb des Tao bedingt werden. So lassen sich Ordnung und Unordnung, Glück und Unglück erklären. In Dürren und Überflutungen, Feuersbrünsten und Erdbeben äußert sich das gestörte Tao. Makrokosmos und Mikrokosmos entsprechen sich nach einem durchschaubaren System, wie folgende Zusammenstellung beispielhaft zeigt:

| | Holz | Feuer | Erde | Metall | Wasser |
|---|---|---|---|---|---|
| Tiere | Schafe | Geflügel | Hornvieh | Hund | Schwein |
| Eingeweide | Galle | Lunge | Herz | Leber | Niere |
| Farben | grün | rot | gelb | weiß | schwarz |
| Geschmack | sauer | bitter | süß | bitter | salzig |
| Himmelsrichtungen | Osten | Süden | Zentrum | Westen | Norden |
| Planeten | Jupiter | Mars | Saturn | Venus | Merkur |
| Opfer | im Haus | Herd | Innenhof | Außenhof | Brunnen |

Zit. nach: J. P. Asmussen/J. Læssøe (Hrsg.), Handbuch der Religionsgeschichte, Band 3, Göttingen 1975, S. 22 (G. Malmquist).

### *3.6.3 Wang Ch'ung (27–100 n. Chr.)*

Gegen diese kosmologischen Spekulationen Tung Chung-shu's und den von dessen Anhängern unterstützten Volksglauben setzte sich der Philosoph Wang Ch'ung zur Wehr. Er griff jegliche Art von Aberglauben an und berief sich dabei auf die Vernunft. Weder ist – wie Konfuzius meinte – die ferne Vergangenheit der Gegenwart überlegen, noch äußert der Himmel seinen Zorn im Donner, noch gibt es Geister, noch Unsterblichkeit. Besonders scharf wendet sich Wang Ch'ung gegen die Meinung Chung-shu's, man könne an irdischen Katastrophen die Wirrsal des Himmels erkennen. Es verwundert nicht, daß der Einfluß Wang Ch'ung's gering blieb.

### *3.6.4 Der Neo-Konfuzianismus (3. bis 18. Jahrhundert)*

*a) Überblick.* Im 3. bis 10. Jahrhundert verdrängten Taoismus und Buddhismus den Konfuzianismus. Seine Erneuerung begann erst wieder in der Sung-Dynastie (960–1279) durch Chu Hsi (1130–1200), der die rationalistische Schule (Li Hsüeh) begründete. Sein Erzfeind war Lu Chiu-yüan, der die idealistische Schule (Hsin Hsüeh) schuf. In der Ming-Zeit (1368–1644) formte Wang Yang ming (1472–1529) die idealistische Schule aus, die zu ihrer Zeit den Neokonfuzianismus vertrat. In der Ching-Zeit (1644–1911) gilt Tai Tung yüan (1723–1777) als der bedeutendste Denker. Er versuchte, die Grundgedanken aller konfuzianistischen Schulen zu verbinden. Weil er der Erfahrung hohen Wert zumaß, nennt man seine Lehre „empiristische Schule".

*b) Die Lehre des Chu Hsi (1130–1200).* Chu Hsi vertrat ein streng dualistisches System, das auf den beiden Prinzipien Li und Ch'i beruhte. Li (nicht zu verwechseln mit Li = Riten!) ist die umfassende Weltvernunft, die letztlich mit dem Geist des Menschen identisch ist. Sie ist ewig und auch in allen Dingen vorhanden, mit ihnen aber nicht identisch. Die Dinge können ohne Li nicht existieren, Li aber ohne die Dinge. Diese Weltvernunft bezeichnet Chu Hsi als T'ai Chi (das Höchste, das Letzte). Wie sich das Mondlicht in den Flüssen und Seen widerspiegelt, so T'ai Chi in den einzelnen Dingen.
Als Gegenpol zur Weltvernunft führt Chu Hsi den Begriff der Materie (Ch'i) ein. Ch'i verhilft den Objekten zur Körperlichkeit, Li dagegen gibt ihnen Form und Wesen. Im Menschen mischen sich Li und Ch'i; Li ist bei jedem Menschen gleich, während er sich in bezug auf Ch'i unterscheidet. Das Ch'i der Weisen ist rein, das der Gemeinen trübe. Chu Hsi erläutert seine Lehre so:
„Inmitten des Himmels und der Erde gibt es Vernunft, gibt es Materie. Was die Vernunft anlangt, so ist sie hinsichtlich der Erscheinungen oberste Norm, die Wurzel, aus welcher die Dinge hervorgehen. Was die Materie anlangt, so ist sie hinsichtlich der Erscheinungen unterste Anlage, der Stoff, aus dem die Dinge hervorgehen. – Die Vernunft ist nie von der Materie getrennt gewesen. Immerhin ist die Vernunft hinsichtlich der Erscheinungen das Obere, die Materie hinsichtlich der Erscheinungen das Untere. Es ist zulässig zu sagen, Vernunft und Materie hätten ursprünglich kein Früher und Später; will man jedoch durchaus ihrem Ursprung auf den Grund gehen, so wird man sagen müssen, daß die Vernunft das Frühere sei. Doch bildet sie auch wiederum nicht ein gesondert für sich bestehendes Wesen, vielmehr ist sie in der Materie enthalten. Gäbe es keine Materie, so fände auch die Vernunft keinen Anhaltspunkt. – Existiert diese Vernunft, so existierten auch Himmel und Erde, gleichwie ohne die Vernunft weder Himmel noch Erde, noch Menschen, noch Dinge existieren. – Gibt es Vernunft, so gibt es auch Materie, welche alle Dinge zur Erscheinung bringt und erhält. – Spricht man von Himmel und Erde, so ist in Himmel und Erde das Urprinzip enthalten; spricht man von allen Dingen, so ist in allen Dingen, und zwar in jedem einzelnen, das Urprinzip enthalten." (P. Deussen, Allg. Geschichte der Philosophie mit besonderer Berücksichtigung der Religionen, ²1906, Bd. I, 3. Abt., S. 708 u. 709, in: H. J. Störig, Kleine Weltgeschichte der Philosophie, Stuttgart ¹²1981, S. 116f.)

*c) Die Lehre des Lu Chiu-yüan (1139–1193).* Seine „idealistische Schule“ (Hsin Hsüeh) lehrt im Gegensatz zu Chu Hsi einen Monismus: Der Weltengeist ist der einzige und letzte Urgrund der Welt, der höchste Gesetzgeber, der mit dem menschlichen Geist eins ist: „Das Weltall ist mein Geist, mein Geist ist das Weltall.“ Und: „Wahrheit ist nichts anderes als der Geist, und der Geist ist Wahrheit.“ Folgerichtig lehnte er das Studium der Klassiker als unnütz ab; Lu Chiu-yüan verficht einen mystischen Ansatz. Nur wer meditierend in sein eigenes Herz hineinschaut, kann die Erleuchtung finden; dann kann jeder Mensch seine naturgegebene Herzensgüte erfüllen und das Böse meiden.

*d) Wang Yang ming (1472–1529)* erweiterte die Lehre des Lu Chiu-yüan. Die Materie ist nichts anderes als das Wollen des Geistes; insofern sind alle materiellen Dinge Ausfluß des Geistes. Wer das Rechte weiß, handelt auch danach, denn der Mensch ist von Natur aus edel.
Wang Yang ming konnte sich schon zu seinen Lebzeiten nicht gegen die rationalistische Schule durchsetzen; im 17. Jahrhundert war seine Lehre in China vergessen. Sie war den nüchternen Chinesen zu spekulativ gewesen. In Japan aber erreichten seine Gedanken große Bedeutung.

### *3.6.5 Der moderne Konfuzianismus (19. und 20. Jahrhundert)*

Im 19. Jahrhundert öffnete sich China dem Westen; der erstarrte Konfuzianismus erschien nunmehr gegenüber den westlichen Ideen als fragwürdig. Reformen wurden unvermeidbar. So wurde das altehrwürdige Prüfungssystem der Beamten im Jahre 1905 abgeschafft. In den öffentlichen Schulen ergänzte man die Lektüre des konfuzianischen Kanons durch moderne Texte. 1911 trat der Kaiser zurück, die Epoche der Republik unter Sun Yat-sen hatte begonnen. Sun Yat-sen versuchte, das Beste der chinesischen Kultur mit dem westlichen Gedankengut zu verbinden. Seit 1928 wurde aber das Studium des konfuzianischen Kanons im öffentlichen Schulwesen ganz eingestellt. Die Volksrepublik China setzte seit 1949 den Reformbewegungen des Konfuzianismus ein jähes Ende. Seither ist er ins Ausland verbannt; heute wird die Lehre des Konfuzius und seiner Schüler besonders in Seoul (Südkorea) gepflegt.

## 3.7 Exkurs A: Das Gebot der christlichen Nächstenliebe und die Goldene Regel des Konfuzius

### *3.7.1 Die „Goldene Regel“ in der Religionsgeschichte*

Den ethischen Grundsatz: „Tue allen Menschen, wie du wünschst, daß man dir tue, und verschmähe, andern gegenüber so zu handeln, wie du es selbst nicht haben willst“ nennt man seit der Mitte des 16. Jahrhunderts die *„Goldene Regel“*. Sie ist als ethischer Grundwert in der gesamten Religionsgeschichte belegt: Vorsokratiker, Sophisten, Zarathustra, Buddhismus, Hinduismus, Dschainismus, Konfuzianismus, Christentum, Judentum und Islam kennen diese Regel, meist in ihrer negativen Form. Wir haben dabei nicht an eine kulturelle Abhängigkeit zu denken, sondern an eine spontan entstandene Volksweisheit.

### 3.7.2 *Die Auslegung durch Konfuzius*

Konfuzius verwendet die *Goldene Regel* in ihrer negativen Form: „Was du selbst nicht wünschst, das tu auch keinem andern!“
In der Morallehre des Konfuzius handelt der edle Mensch so, wie er selbst gern behandelt werden möchte. Diese Wertvorstellung beruht – wie die gesamte konfuzianische Ehtik – auf der Annahme, daß der Mensch von Natur aus das Gute wolle, wenn er es nur erkannt habe. Diese Tugend der Gegenseitigkeit, die man auch Menschenliebe nennen könnte, ist vernunftgemäß und durchführbar: Jeder, der guten Willens ist und ein vollendeter Mensch sein will, kann ihr gemäß handeln. Konfuzius fordert nichts Unmögliches. Vergilt der Mitmensch die empfangene Güte mit Unverständnis oder sogar Bösartigkeit, soll sich der vollkommene Mensch nicht aus der Ruhe bringen lassen. Er braucht das Unrecht des anderen nicht mit Güte und Liebe erwidern; er soll nur Gerechtigkeit, also Angemessenheit walten lassen. Schlimmstenfalls darf man aber auch Unverschämtheiten zurückweisen und sogar Haß mit Haß vergelten. Am besten ist es jedoch, wenn sich der vollkommene Mensch von solchen Leuten fernhält. Im Gegensatz zu Buddha vertritt Konfuzius nicht das Ideal der völligen Preisgabe und Gewaltlosigkeit.

### 3.7.3 *Die „Goldene Regel“ bei Jesus im Vergleich zu Konfuzius*

In der Verkündigung Jesu wird die *Goldene Regel* in Matthäus 7,12 (Parallele Lukas 6,31) in der positiven Form zitiert. Sie ist für Jesus ein möglicher Ausdruck der Nächstenliebe. Die *Goldene Regel* muß in diesem Zusammenhang ausgelegt und verstanden werden. Worin unterscheidet sich hier Jesus von Konfuzius?
a) Die christliche Liebe gegenüber dem Nächsten (Agape) gründet in der vorangegangenen Liebe Gottes zum Menschen. Sie ist Folge dieser Liebe Gottes. Die konfuzianische Gegenseitigkeit dagegen ist eine autonome Leistung, eine selbsterworbene Tugend des Menschen.
b) Die Agape ist im Neuen Testament der Brennpunkt des Evangeliums, die Mitte der Verkündigung Jesu. Gottes- und Nächstenliebe sind das Ideal, das Jesus beispielhaft verwirklicht hat; die Agape faßt alle denkbaren Gesetze und Vorschriften zusammen. Über die Agape hinaus gibt es nichts Wichtigeres: „Alles nun, was ihr wollt, daß es euch die Menschen tun, das sollt auch ihr ihnen tun; denn darin besteht das Gesetz und die Propheten.“ (Matthäus 7,12). Ähnlich Matthäus 22,36–40, Römer 13,8–10 und 1. Korinther 13. – Bei Konfuzius dagegen ist die Gegenseitigkeit nur ein Merkmal des vollkommenen Menschen, ein Bestandteil des *Jen*, der bei weitem nicht die wichtigste Rolle spielt.
c) Agape bedeutet, sich bedingungslos für den Nächsten einzusetzen, auch und gerade sich selbst zurückzustellen. Agape ist gesammeltes Tun, Aktivität, die Not beseitigen will; sie will mit Leidenschaft Gutes für den Mitmenschen schaffen. Das konfuzianische Ideal der Gegenseitigkeit will dem Anderen gerecht werden, ohne sich besonders für ihn einzusetzen, schon gar nicht, wenn er auf Grund seines Verhaltens dies nicht verdient. Die Regel der Gegenseitigkeit dient zuerst der Selbstvervollkommnung; sie ist eine Hilfe zum vollkommenen Menschsein und damit ichbezogen. Die Goldene Regel wird durch das ausgeklügelte Pflichtsystem des Konfuzianismus ihrer Spontaneität beraubt. Im Gegensatz dazu zielt die Agape

nicht auf die eigene Vervollkommnung, sondern auf die Identifikation mit dem notleidenden Mitmenschen, in dem uns Christus selbst begegnet.
d) Die Agape gipfelt in der unbedingten Feindesliebe. Hier sprengt sie jeden denkbaren Rahmen; sie ist nicht mehr nur bloße Weisheitsregel, sondern praktische – und doch zugleich nie erfüllbare – Anleitung zum Handeln. Konfuzius verlangt gegenüber dem Feind nicht die unbedingte Liebe (im Gegensatz zu Buddha), sondern nur Gerechtigkeit; aber auch für Haß ist Raum. Jesus dagegen schließt keinen auch noch so menschlichen Kompromiß; der in Christus Erlöste kann auch seinen Feind lieben, weil Gott zuerst alle Menschen gleichermaßen geliebt hat.

## 3.8 Exkurs B: Der Begriff „Sünde und Schuld“ in der Bibel und bei Konfuzius

Konfuzius kennt keinen tieferen Begriff von Sünde oder Schuld. Als Sünde könnte man die Verstöße gegen die Ideale des *Jen* und des vollkommenen Menschen bezeichnen; auch wer die Schriften der Alten nicht studiert und der Barbarei der Unbildung huldigt, verstößt gegen die Ordnung. Mit Sünde und Schuld im radikalen Sinne hat das nichts zu tun; es gibt nichts schlechthin Böses. Der Mensch, der gegen die gesetzten Ordnungen verstößt, schadet sich selbst. Im Diesseits mindert er die Dauer seines Lebens, gefährdet seine Gesundheit, verhindert Glück und Wohlstand. Im Jenseits wird sein Name, das heißt sein Andenken, befleckt sein. Wer gegen die Pflichten verstoßen hat, soll dies wiedergutmachen und sich entschuldigen. Damit ist der Fehler getilgt. Lediglich für den Herrscher können Verstöße gegen die Ordnung üble Folgen haben: Wenn er gegen das Tao verstößt, bringt er Unglück über sein Volk. Dann kann er durch eine Revolution abgesetzt werden; damit ist die Ordnung wiederhergestellt.
Ganz anders ist die Auffassung von Sünde und Schuld in der Bibel. Die Sünde ist eine personenhafte und überpersönliche Macht, immanent und transzendent zugleich. Sie ist freilich gegenüber Gott keine eigenständige Macht, sondern von ihm begrenzt und überwunden. Die Sünde zerstört die Gemeinschaft der Menschen mit Gott; daraus folgt, daß die Gemeinschaft der Menschen untereinander ebenfalls gebrochen ist. Sünde ist Schuld vor Gott und den Menschen. Sünde ist ein theologischer Begriff, der nur in Beziehung zu Gott verstanden werden kann; sie ist Unglaube, Nicht-Vertrauen. Sünde trägt in sich eine zerstörerische Macht, deren letzter Ausdruck das Nichts, der Tod ist. Der Tod ist der Sold (Lohn) der Sünde.
Sünde ist also nicht mit dem bürgerlichen Sündenbegriff identisch, der gesellschaftlich unerwünschte sexuelle Verhaltensweisen und kriminelle Taten meint; Sünde (im Neuen Testament fast ausschließlich in der Einzahl gebraucht) ist Schuld und Tragik zugleich; sie durchzieht unser Sein so stark, daß wir ihr nicht entrinnen können. Wir finden uns in ihr vor. Dies meint der Ausdruck „Erbsünde“. Nur einer kann die Sünde in ihrer ganzen Not und Tiefe überwinden: Gott selbst. Er hat in Jesus Christus den gefallenen Menschen erlöst; dies zeigt Jesus damit, daß er mit den Sündern und Zöllnern verkehrt. Mit seinem Tod am Kreuz hat er den Menschen von der Macht und dem Sog der Sünde befreit und ihn von seiner Schuld erlöst.

## 3.9 Quellen

### *3.9.1 Von verschiedenen Pflichten und der Humanität (Konfuzius)*

*BUCH II*

*1 Der Polarstern*
Der Meister sprach: „Wer kraft seines Wesens* herrscht, gleicht dem Nordstern. Der verweilt an seinem Ort und alle Sterne umkreisen ihn."

* Das chinesische Wort *te*, das in der Regel mit „Tugend" übersetzt wird, hat in Wirklichkeit eine weit umfassendere Bedeutung. Die chinesischen Kommentare erklären es: Was die Wesen erhalten, um zu entstehen, zu leben, heißt *te*. Es schließt das ganze Wesen der Persönlichkeit und die Macht, die von einer Person ausgeht, mit ein.

*2 Keine unreinen Gedanken*
Der Meister sprach: „Des Liederbuchs* dreihundert Stücke sind in dem einen Wort befaßt: Denke nicht Arges!"

* D. h. des *Shih Ching*.

*3 Gesetz und Geist bei der Staatsregierung*
Der Meister sprach: „Wenn man durch Erlasse leitet und durch Strafen ordnet, so weicht das Volk aus und hat kein Gewissen. Wenn man durch Kraft des Wesens leitet und durch Sitte ordnet, so hat das Volk Gewissen und erreicht (das Gute)."

*4 Stufen der Entwicklung des Meisters*
Der Meister sprach: „Ich war fünfzehn, und mein Wille stand aufs Lernen, mit dreißig stand ich fest, mit vierzig hatte ich keine Zweifel mehr, mit fünfzig war mir das Gesetz des Himmels kund, mit sechzig war mein Ohr aufgetan, mit siebzig konnte ich meines Herzens Wünschen folgen, ohne das Maß zu übertreten."

*5 Über Kindespflicht*
*I: Nicht übertreten*
Der Freiherr Mong I fragte nach (dem Wesen) der Kindespflicht. Der Meister sprach: „Nicht übertreten." Als Fan Tschi hernach seinen Wagen lenkte, erzählte es ihm der Meister und sprach: „Freiherr Mong I befragte mich über die Kindespflicht, und ich sprach: Nicht übertreten." Fan Tschi sprach: „Was heißt das?" Der Meister sprach: „Sind die Eltern am Leben, ihnen dienen, wie es sich ziemt, nach ihrem Tod sie beerdigen, wie es sich ziemt, und ihnen opfern, wie es sich ziemt."*

* Auch hier ein Beispiel für die Methode Kungs. Er sucht durch seine Antwort immer den Fragenden zum Denken anzuregen. Bei dem vornehmen Mong I ist ihm das nicht gelungen. Der zog sich mit der halbverstandenen Antwort zurück, ohne weiter zu fragen. So muß der Meister einen indirekten Weg gehen, indem er Frage und Antwort seinem Schüler Fan Tschï erzählt. Der geht auf seine Intention ein und fragt weiter, so daß der Meister seine Erklärung anbringen kann. Da Fan Tschï mit Mong I bekannt war, so war es sicher, daß die Antwort an ihre rechte Adresse kam.

*6 Über Kindespflicht*
*II: Krankheit*
Der Freiherr Mong Wu fragte nach (dem Wesen) der Kindespflicht. Der Meister sprach: „Man soll den Eltern außer durch Erkrankung keinen Kummer machen."

*7 Über Kindespflicht*
*III: Ehren, nicht bloß nähren*
Dsï Yu fragte nach (dem Wesen) der Kindespflicht. Der Meister sprach: „Heutzutage kindesliebend sein, das heißt (seine Eltern) ernähren können. Aber Ernährung können alle Wesen bis auf Hunde und Pferde herunter haben. Ohne Ehrerbietung: was ist da für ein Unterschied?"

*8 Über Kindespflicht*
*IV: Betragen*
Dsi Hia fragte nach (dem Wesen) der Kindespflicht. Der Meister sprach: „Der Gesichtsausdruck ist schwierig. Wenn Arbeit da ist und die Jugend ihre Mühen auf sich nimmt; wenn Essen und Trinken da ist, den Älteren den Vortritt lassen: kann man denn das schon für kindesliebend halten?"

Der Jünger Dsi Hia fragte nach dem Wesen der Kindespflicht. Der Meister antwortete: „Die Schwierigkeit bei ihrer Erfüllung besteht in einem fortdauernd rücksichtsvollen und freundlichen Betragen, daß man es vermeidet, sich im Laufe der Jahre in seinen Manieren den Eltern gegenüber gehen zu lassen. Was man sonst unter der Erfüllung der Kindespflicht versteht, daß die Kinder die Mühen der Arbeit für ihre Eltern auf sich nehmen, daß sie ihnen ihren Besitz zur Verfügung stellen und für ihren Lebensunterhalt sorgen: das alles sind nur die selbstverständlichen Voraussetzungen."

*9 Merkmal des Verständnisses*
Der Meister sprach: „Ich redete mit Hui* den ganzen Tag; der erwiderte nichts, wie ein Tor. Er zog sich zurück, und ich beobachtete ihn beim Alleinsein, da war er imstande, (meine Lehren) zu entwickeln. Hui, das ist kein Tor."

* Der Lieblingsjünger Kungs, der seine Ahnentafel im Konfuziustempel dem Meister zunächst hat.

*10 Menschenkenntnis:*
*Worauf man sehen muß*
Der Meister sprach: „Sieh, was einer wirkt, schau, wovon er bestimmt wird, forsche, wo er Befriedigung findet: wie kann ein Mensch da entwischen? Wie kann ein Mensch da entwischen?"

*11 Ein guter Lehrer*
Der Meister sprach: „Das Alte üben und das Neue kennen: dann kann man als Lehrer gelten."

*12 Der Edle*
*I: Selbstzweck*
Der Meister sprach: „Der Edle ist kein Gerät."

Es ist unvereinbar mit der Würde des höheren Menschen, sich als bloßes Werkzeug für die Zwecke anderer gebrauchen zu lassen. Er ist Selbstzweck.

*13 Der Edle*
*II: Worte und Taten*
Dsï Gung fragte nach dem (Wesen des) Edlen. Der Meister sprach: „Erst handeln und dann mit seinen Worten sich danach richten."

Als Dsï Gung den Meister fragte, welcher Zug am bezeichnendsten für einen vornehmen Charakter sei, antwortete dieser: daß einer seine Prinzipien erst selbst praktisch zur Ausführung bringt, bevor er sie lehrhaft entwickelt.

*14 Der Edle*
*III: Universalität*
Der Meister sprach: „Der Edle ist vollkommen und nicht engherzig. Der Gemeine ist engherzig und nicht vollkommen."

*15 Lernen und Denken*
Der Meister sprach: „Lernen und nicht denken ist nichtig. Denken und nicht lernen ist ermüdend."*

* Vgl. Kant: Erfahrung ohne Begriffe ist blind, Begriffe ohne Erfahrung sind leer.

*16 Irrlehren*
Der Meister sprach: „Irrlehren anzugreifen, das schadet nur."

*17 Das Wissen*
Der Meister sprach: „Yu, soll ich dich das Wissen lehren? Was man weiß, als Wissen gelten lassen, was man nicht weiß, als Nichtwissen gelten lassen: das ist Wissen."

*18 Wie man eine*
*Lebensstellung erwirbt*
Dsï Dschang wollte eine Lebensstellung erreichen. Der Meister sprach: „Viel hören, das Zweifelhafte beiseite lassen, vorsichtig das Übrige aussprechen, so macht man wenig Fehler. Viel sehen, das Gefährliche beiseite lassen, vorsichtig das Übrige tun, so hat man wenig zu bereuen. Im Reden wenig Fehler machen, im Tun wenig zu bereuen haben: darin liegt eine Lebensstellung."

*19 Fügsame Untertanen*
Fürst Ai fragte und sprach: „Was ist zu tun, damit das Volk fügsam wird?" Meister Kung entgegnete und sprach: „Die Geraden erheben, daß sie auf die Verdrehten drücken: so fügt sich das Volk. Die Verdrehten erheben, daß sie auf die Geraden drücken: so fügt sich das Volk nicht."

*20 Das Beispiel*
*der Herrschenden*
Freiherr Gi Kang fragte: „Das Volk zur Ehrfurcht und Treue zu bringen durch Ermahnungen: was ist davon zu halten?" Der Meister sprach: „Sich (zum Volk) herablassen mit Würde: dadurch bekommt (das Volk) Ehrfurcht; kindliche Ehrfurcht und Menschenliebe (zeigen): dadurch wird es treu. Die Guten erhöhen und die Unfähigen belehren: so wird das Volk ermahnt."

*21 Abweisung eines lästigen Fragers*

Es redete jemand zu Meister Kung und sprach: „Weshalb beteiligt sich der Meister nicht an der Leitung (des Staates)?" Der Meister sprach: „Wie steht im ‚Buch' von der Kindespflicht geschrieben? Kindliche Ehrfurcht und Freundlichkeit gegen die Brüder, das muß man halten, um Leitung zu üben. Das heißt also auch Leitung ausüben. Warum soll denn nur das (amtliche Wirken) Leitung heißen?"

*22 Unaufrichtigkeit macht unbrauchbar*

Der Meister sprach: „Ein Mensch ohne Glauben: ich weiß nicht, was mit einem solchen zu machen ist. Ein großer Wagen ohne Joch, ein kleiner Wagen ohne Kummet, wie kann man den voranbringen?"

*23 Hundert Generationen zu kennen*

Dsï Dschang fragte, ob man zehn Zeitalter wissen könne. Der Meister sprach: „Die Yindynastie beruht auf den Sitten der Hiadynastie; was sie davongenommen und dazugetan, kann man wissen. Die Dschoudynastie beruht auf den Sitten der Yindynastie. Was sie davongenommen und dazugetan, kann man wissen. Eine andere Dynastie mag die Dschoudynastie fortsetzen, aber ob es hundert Zeitalter wären, man kann wissen (wie es gehen wird)."

## *BUCH IV*

Das vierte Buch handelt in seinen ersten Abschnitten von einem der wichtigsten Begriffe der konfuzianischen Lehre, dem „jen". Der Begriff hängt zusammen mit dem Begriff „jen" „Mensch", ja der Begriff „Mensch" wird in dem Werk „Dschung Yung" direkt zur Erklärung herangezogen. Gewöhnlich wird das Wort übersetzt mit „Menschlichkeit", „Humanität", „Wohlwollen", „Vollkommenheit". Es sind das alles Übersetzungen, die möglich sind nach vorausgegangener Definition. „Menschlichkeit" hat aber eine etwas andere Klangfarbe, ebenso „Humanität"; deshalb haben wir, um einen möglichst umfassenden Begriff zu geben, den Ausdruck „sittlich", „Sittlichkeit" gewählt. Es liegt darin das „sozial Bedingte, das mit der weiteren Entwicklung sich erweitert zum Ideal der gerecht-liebevollen Behandlung der Nebenmenschen im Sinn der möglichsten Förderung der Menschheit im eigenen und fremden Ich" (vgl. Eisler, Wörterbuch der philosophischen Begriffe). Diese Definition deckt sich genau mit dem chinesischen Begriff.

*1 Gute Nachbarschaft*

Der Meister sprach: „Gute Menschen machen die Schönheit eines Platzes aus. Wer die Wahl hat und nicht unter guten Menschen wohnen bleibt, wie kann der wirklich weise (genannt) werden?"

*2 Seelenfrieden*

Der Meister sprach: „Ohne Sittlichkeit kann man nicht dauernde Bedrängnis ertragen, noch kann man langen Wohlstand ertragen. Der Sittliche findet in der Sittlichkeit Frieden, der Weise achtet die Sittlichkeit für Gewinn."

*3 Die Kunst des Liebens und Hassens*

Der Meister sprach: „Nur der Sittliche kann lieben und hassen."

*4 Ein guter Wille überwindet das Böse*

Der Meister sprach: „Wenn der Wille auf die Sittlichkeit gerichtet ist, so gibt es kein Böses."

*5 Das Ideal und das Leben*

Der Meister sprach: „Reichtum und Ehre sind es, was die Menschen wünschen; aber wenn sie einem unverdient zuteil werden, so soll man sie nicht festhalten. Armut und Niedrigkeit sind es, was die Menschen hassen; aber wenn sie einem unverdient zuteil werden, so soll man sie nicht loszuwerden suchen. Ein Edler, der von der Sittlichkeit läßt, entspricht nicht dem Begriff (des Edlen). Der Edle übertritt nicht während der Dauer einer Mahlzeit die (Gesetze der) Sittlichkeit. In Drang und Hitze bleibt er unentwegt dabei, in Sturm und Gefahr bleibt er unentwegt dabei."

*6 Pflicht und Neigung*

Der Meister sprach: „Ich habe noch niemand gesehen, der das Sittliche liebt und das Unsittliche haßt. Wer das Sittliche liebt, dem geht nichts darüber. Wer das Unsittliche haßt, dessen Sittlichkeit ist so stark, daß nichts Unsittliches seiner Person sich nahen kann. Wenn einer einen Tag lang seine ganze Kraft an das Sittliche setzen will: ich habe noch keinen gesehen, dessen Kraft dazu nicht ausreichte. Vielleicht gibt es auch solche, aber ich habe noch keinen gesehen."

*7 Psychologie der Verfehlungen*

Der Meister sprach: „Die Überschreitungen eines jeden Menschen entsprechen seiner Wesensart. Dadurch daß man seine Überschreitungen sieht, kann man einen Menschen erkennen."

*8 Das Beste in der Welt*

Der Meister sprach: „In der Frühe die Wahrheit vernehmen und des Abends sterben: das ist nicht schlimm."

*9 Falsche Scham*

Der Meister sprach: „Der Gebildete richtet sein Streben auf die Wahrheit; wenn einer aber sich schlechter Kleider und schlechter Nahrung schämt, der ist noch nicht reif, um mitzureden."

*10 Sine ira et studio*
Der Meister sprach: „Der Edle hat für nichts auf der Welt eine unbedingte Voreingenommenheit oder eine unbedingte Abneigung. Das Rechte allein ist es, auf dessen Seite er steht."

*11 Edles und gemeines Streben*
Der Meister sprach: „Der Edle liebt den inneren Wert, der Gemeine liebt das Irdische; der Edle liebt das Gesetz, der Gemeine sucht die Gunst."

*12 Nachteil der Selbstsucht*
Der Meister sprach: „Wer bei seinen Handlungen immer auf Vorteil aus ist, zieht sich viel Groll zu."

*13 Wesen und Schein*
Der Meister sprach: „Wer durch Ausübung der Moral seinen Staat regiert, was (für Schwierigkeiten) könnte er haben? Wer aber nicht durch Ausübung der Moral den Staat regiert, was nützt dem die Moral?"

*14 Grund zum Kummer*
Der Meister sprach: „Nicht das soll einen bekümmern, daß man kein Amt hat, sondern das muß einen bekümmern, daß man dafür tauglich werde. Nicht das soll einen bekümmern, daß man nicht bekannt ist, sondern danach muß man trachten, daß man würdig werde, bekannt zu werden."

*15 Die Summe der Lehre*
Der Meister sprach: „Nicht wahr, Schen, meine ganze Lehre ist in Einem befaßt." Meister Dsong sprach: „Ja." Als der Meister hinaus war, fragten seine Schüler und sprachen: „Was bedeutet das?" Meister Dsong sprach: „Unsres Meisters Lehre ist Treue gegen sich selbst und Gütigkeit gegen andere: darin ist alles befaßt."

*16 Wes das Herz voll ist*
Der Meister sprach: „Der Edle ist bewandert in der Pflicht, der Gemeine ist bewandert im Gewinn."

*17 Anziehendes*
*und warnendes Beispiel*
Der Meister sprach: „Wenn du einen Würdigen siehst, so denke darauf, ihm gleich zu werden. Wenn du einen Unwürdigen siehst, so prüfe dich selbst in deinem Innern."

*18 Kindespflicht*
*I: Vorhalte*
Der Meister sprach: „Den Eltern dienend darf man ihnen in zarter Weise Vorstellungen machen. Wenn man aber sieht, daß sie nicht gewillt sind, darauf zu hören, so soll man fortfahren, ehrerbietig sich zu fügen und auch die schwersten Anstrengungen ohne Murren tragen."

*19 Kindespflicht*
*II: Reisen*
Der Meister sprach: „Solange die Eltern leben, soll man nicht in die Ferne ziehen. Und wenn man nach auswärts geht, so soll man einen bestimmten Wohnort wählen."

*20 Kindespflicht*
*III: Pietät*
Der Meister sprach: „Wer drei Jahre lang nicht abweicht von seines Vaters Wegen, kann kindesliebend genannt werden."

*21 Kindespflicht*
*IV: Alter der Eltern*
Der Meister sprach: „Die Jahre der Eltern darf man nie vergessen: erstens, um sich darüber zu freuen, zweitens, um sich darüber zu sorgen."

*22 Vom Schweigen*
Der Meister sprach: „Die Alten sparten ihre Worte; denn sie schämten sich, mit ihrem Betragen hinter ihren Worten zurückzubleiben."

*23 Segen der Beschränkung*
Der Meister sprach: „Die durch Beschränkung verloren haben, sind selten."

*24 Langsam im Reden*
Der Meister sprach: „Der Edle liebt es, langsam im Wort und rasch im Tun zu sein."

*25 Geistesgemeinschaft*
Der Meister sprach: „Innerer Wert bleibt nicht verlassen; er findet sicher Nachbarschaft."

*26 Wider die Aufdringlichkeit*
Dsï Yu sprach: „Im Dienst des Fürsten bringen lästige Vorwürfe Ungnade. Zwischen Freunden führen lästige Vorwürfe zu Entfremdung."

Kungfutse, Gespräche (Lun Yü), (Übersetzt von R. Wilhelm), Diederichs, Düsseldorf 1972, S. 42–62.

### *3.9.2 Mencius: Von Menschen und Herrschern*

*Der Mensch ist gut*

Ko-tse sagte: „Die Natur des Menschen gleicht dem Weidenbaum, die Gerechtigkeit aber gleicht einem Becher oder einer Schale. Aus der Natur des Menschen formt man die Menschenliebe und Gerechtigkeit, gleichwie man aus dem Weidenbaume Becher und Schalen formt.“
Meng-tse erwiderte: „Vermagst du etwa der Natur des Weidenbaumes zu folgen, wenn du Becher und Schalen daraus formst? Du mußt der Natur des Weidenbaumes Gewalt antun, dann erst kannst du Becher und Schalen daraus formen. Und wenn du nun dem Weidenbaume Gewalt antun mußt, um Becher und Schalen daraus zu formen, mußt du dann nicht auch dem Menschen Gewalt antun, um Menschenliebe und Gerechtigkeit aus ihm zu formen? Wahrlich, deine Worte sind sicherlich derart, daß sie die Menschen dazu verleiten könnten, Menschenliebe und Gerechtigkeit für ein Unglück zu halten!“ Ko-tse sagte: „Die menschliche Natur gleicht einem Wasserstrudel; öffnet man ihm einen Ausweg nach Osten, so fließt das Wasser ostwärts, öffnet man ihm einen Weg nach Westen, so fließt es westwärts. Die menschliche Natur macht keinen Unterschied zwischen gut und nicht gut, gleichwie das Wasser keinen Unterschied macht zwischen Ost und West.“
Meng-tse entgegnete: „Das Wasser fürwahr macht keinen Unterschied zwischen Ost und West – macht es aber auch etwa keinen Unterschied zwischen oben und unten? Die Güte der menschlichen Natur gleicht dem Abwärtsströmen des Wassers. Unter den Menschen gibt es niemanden, der nicht gut wäre, gleichwie es kein Wasser gibt, das nicht abwärts fließt. Nun kann man das Wasser, wenn man hineinschlägt, aufspritzen machen, so daß es einem über die Stirn läuft, und man kann es eindämmen und seinen Lauf bestimmen, so daß es bergauf laufen muß – ist das aber etwa die Natur des Wassers? Nur durch Gewalt ist es so. Wenn die Natur des Menschen veranlaßt wird, zu tun, was nicht gut ist, so geschieht seiner Natur dasselbe.“
Meng-tse sprach: „Ihrem Triebe folgend, haben die Menschen die Möglichkeit, Gutes zu tun. Das ist es, was ich unter ‚gut‘ verstehe. Wenn jemand Nichtgutes tut, so ist es nicht die Schuld seiner Anlagen! Das Gefühl des Mitleids und Erbarmens ist allen Menschen eigen, das Gefühl der Achtung und Ehrerbietung ist allen Menschen eigen, das Gefühl der Billigung und Mißbilligung ist allen Menschen eigen, das Gefühl des Mitleids und Erbarmens ist Menschenliebe, das Gefühl der Scham und des Abscheus ist Gerechtigkeit, das Gefühl der Achtung und Ehrerbietung ist Anstand, das Gefühl der Billigung und Mißbilligung ist Weisheit. Menschenliebe, Gerechtigkeit, Anstand und Weisheit sind nicht von außen her in uns hineingegossen, sie sind vielmehr unser fester Besitz – nur denken wir nicht daran. Daher heißt es: Wer sie sucht, bekommt sie; wer sie beiseite läßt, verliert sie.“

*Nicht Vorteil, sondern Güte und Rechtlichkeit*

Mencius trat vor den König Hui von Liang. Der sagte: „Ehrwürdiger Herr, da du, tausend Meilen nicht für weit erachtend, hierhergekommen bist, wirst du wohl auch in der Lage sein, meinem Staat Vorteil (Li) zu bringen?“

Mencius erwiderte: „Warum, o König, mußt du von Vorteil reden? Es gibt doch auch Güte und Rechtlichkeit,und die dürften genügen. Denn fragt der König: ‚Wie bringe ich meinem Staate Vorteil?‘, so fragen die Großwürdenträger: ‚Wie bringen wir unserm Hause Vorteil?‘ und die niederen Beamten und das Volk: ‚Wie bringen wir unserer Person Vorteil?‘ – Wenn Obrigkeit und Untertanen sich gegenseitig den Vorteil streitig machen, möchte der Staat gefährdet werden. Wer in einem Staate von zehntausend Schlachtwagen dessen Fürsten tötet, muß über ein Hauswesen von tausend Schlachtwagen verfügen, und wer in einem Staate von tausend Schlachtwagen dessen Fürsten tötet, muß über ein Hauswesen von hundert Schlachtwagen verfügen. Tausend von zehntausend und hundert von tausend sollte man nicht für gering achten. Wer die Rechtlichkeit hintansetzt und den Vorteil voranstellt, findet ohne Raub kein Genüge. Noch hat es keinen Guten gegeben, der seinen Nächsten im Stich gelassen, keinen Rechtschaffenen, der seinen Fürsten hintangesetzt hätte. Der König sage doch: ‚Güte und Rechtlichkeit‘ – und damit ist's gut. Warum muß von Vorteil die Rede sein?“

*Erst Besserung der Lebensumstände, dann Besserung des Menschen*

Meng-tse sprach: „Ohne festen Lebensunterhalt dennoch ein festes Herz zu behalten, das vermag nur der Gebildete. Was nun das Volk betrifft, so wird es ohne festen Lebensunterhalt auch keine beständige Gesinnung haben. Wenn es aber keine Festigkeit des Herzens hat, ist es schließlich jeder Art von Zuchtlosigkeit, Schlechtigkeit, Gemeinheit und Ausschweifung fähig. Wenn das Volk nun einmal so den Verbrechen verfallen ist, es hinterdrein noch zu verfolgen und zu züchtigen – das hieße das Volk umgarnen. Wie wäre es aber denkbar, daß, solange ein menschlich gesinnter Mann auf dem Thron sitzt, das Volk umgarnt werden sollte? Aus diesem Grunde regelt ein erleuchteter Fürst den Lebensunterhalt des Volkes derart, daß es nach oben hin genug hat, um den Eltern zu dienen, und nach unten hin genug hat, um Weib und Kind zu ernähren, also daß es in guten Jahren sein Leben lang satt zu essen hat und in Jahren der Not dem Tode und der Vernichtung entgeht. Danach mag er es zum Guten anspornen, denn daß das Volk ihm jetzt gehorche, ist ein Leichtes. Jetzt aber regelt ihr den Lebensunterhalt des Volkes derart, daß es nach oben hin nicht genug hat, um den Eltern zu dienen, und nach unten hin nicht genug hat, um Weib und Kind zu ernähren. Selbst in guten Jahren leidet es beständig, und in Jahren der Not entgeht es nicht dem Tode und dem Verderben. Unter solchen Umständen sucht es nur dem Tode zu entrinnen und ist doch in steter Angst, keine Abhilfe schaffen zu können. Wie sollte es da Muße finden, um die Riten und die Gerechtigkeit zu pflegen! Wenn ihr, o König, nur den Wunsch habt, das durchzuführen, so müßt ihr nur zur wahren Wurzel zurückkehren. Wenn ihr jeden Hof von fünf Morgen mit Maulbeerbäumen bepflanzen laßt, dann werden die Fünfzigjährigen sich in Seide kleiden können; wenn ihr bei der Zucht von Hühnern, Ferkeln, Hunden, Schweinen die rechte Zeit nicht vorübergehen lasset, dann werden die Siebzigjährigen Fleisch essen können. Wenn ihr einen Acker von hundert Morgen die zum Anbau nötige Zeit nicht entzieht, dann werden Familien von acht Köpfen nicht zu hungern brauchen; wenn ihr eure Aufmerksamkeit auf den Unterricht in den Schulen richtet und durch ihn die Pflicht der Kindesliebe und Bruderliebe einschärfen laßt, dann werden die Grauhaarigen auf den Straßen keine

Lasten mehr zu schleppen haben. Wenn die Alten in Seide gekleidet gehen und satt zu essen haben und das schwarzhaarige Volk weder Hunger noch Frost leidet – daß unter solchen Umständen die Königswürde nicht erlangt worden wäre, ist noch nicht dagewesen."

*Gespräch über die zur Königsherrschaft notwendige Gesinnung*

Der König sprach: „Welcher Art muß die Tugend sein, um König der Welt sein zu können?"

Meng-tse antwortete: „Wer sein Volk beschützt, wird König der Welt, und niemand kann ihn daran hindern."

Der König sagte: „Wäre denn ein Mann wie ich imstande, sein Volk zu beschützen?"

Meng-tse antwortete: „Ja, er wäre dazu imstande."

Der König sprach: „Woher weißt du, daß ich dazu imstande wäre?"

Meng-tse sprach: „Ich habe einmal erzählen hören, der König habe in seiner Halle gesessen, als unten ein Mann, der einen Ochsen führte, vorbeigegangen sei. Der König habe ihn gesehen und gefragt, wohin er mit dem Ochsen gehe. Da habe jener erwidert: ‚Ich will mit seinem Blute eine Glocke weihen.' Da habe der König gesagt: ‚Laß ihn frei; ich kann es nicht ertragen, wie er so ängstlich zittert, gleich einem, der unschuldig zum Richtplatz geführt wird.' Da habe jener erwidert: ‚Soll dann die Glockenweihe unterbleiben?' Darauf habe der König gesagt: ‚Wie könnte sie unterbleiben? Nehmt ein Schaf statt seiner.' – Ich weiß nicht, ob sich das so zugetragen hat."

Der König sprach: „Es ist so gewesen."

Meng-tse sprach: „Diese Gesinnung genügt, um die Königswürde zu erlangen. Die hundert Familien glaubten alle, ihr seiet geizig gewesen, o König; ich weiß aber bestimmt, daß ihr es nicht habt ertragen können."

Der König sprach: „So ist es, und doch liegt in Wirklichkeit etwas Wahres in der Meinung der hundert Familien. Wenn aber auch der Staat Tsi, mein Reich, unbedeutend und klein ist – wie hätte ich wegen eines Ochsen geizen können? Ich konnte eben nicht ertragen zu sehen, wie er zitterte, gleich einem, der unschuldig auf den Richtplatz geführt wird. Und aus diesem Grunde wollte ich ihn gegen ein Schaf umgetauscht haben."

Meng-tse sagte: „O König, wundert euch nicht darüber, daß die hundert Familien euch für geizig hielten. Ihr wolltet Großes gegen Kleines vertauscht haben: wie hätten jene das verstehen sollen? Wenn ihr, o König, Mitleid hattet mit der Unschuld, die zum Richtplatz geführt wurde – was war da zwischen Ochs und Schaf zu wählen?"

Der König lachte und sprach: „Wahrhaftig! Was hatte ich bloß für eine Absicht dabei! Ich geizte nicht mit seinem Werte und wollte ihn dennoch gegen ein Schaf vertauschen. War es nicht ganz richtig, daß die hundert Familien mich geizig nannten?"

Meng-tse sagte: „Es sollte keine Beleidigung sein. Die Menschlichkeit hatte euch eben einen Streich gespielt; den Ochsen hattet ihr zwar gesehen, aber das Schaf hattet ihr noch nicht gesehen. So ist nun einmal der Edle in seinem Verhalten gegen die Tiere, daß er, hat er sie leben gesehen, es nicht erträgt, sie sterben zu sehen, und

nachdem er ihre Stimme gehört hat, es nicht erträgt, ihr Fleisch zu essen, daher hält der Edle sich fern von Schlachthof und Küche."
Der König sprach: „... Wie kommt es nun, daß dieses Herz zur Erlangung der Königswürde geeignet ist?"
Meng-tse sagte: „... Wer Güte übt, ist imstande, alles Land innerhalb der vier Meere zu beschirmen, wer aber nicht Güte übt, vermag nicht einmal Weib und Kind zu beschirmen ... Nun aber reicht eure Güte aus, um sich bis auf die Tiere zu erstrecken."

G. Mensching, Die Söhne Gottes, Löwit, Wiesbaden o. J., S. 141–144.

### *3.9.3 Christentum und Islam im China der Neuzeit*

*Das Christentum*

Adam Schall von Bell war nach dem Fall der Ming-Dynastie in den Dienst der Ch'ing übergetreten und mit der Verbesserung des Kalenderwesens beauftragt worden. Seine vortrefflichen Berechnungen bewirkten, daß er als Direktor an die Spitze des kaiserlichen Amtes für Astronomie gestellt wurde. Im Jahre 1650 erhielt er die Erlaubnis zum Bau einer christlichen Kirche in Peking. Dies war die sogenannte *Nan-t'ang* („Süd-Kirche"), zu der im Jahre 1703 auf Grund einer erfolgreichen Malariakur des Kaisers durch französische Missionare die *Pei-t'ang* („Nord-Kirche", 1827 wieder zerstört) kam.

*a. Yang Kuang-hsien*
In diese Zeit fällt die Aktivität des fanatischen Christenfeindes *Yang Kuang-hsien.* Er benutzte die Schrift eines Konvertiten, um die Christen zu beschuldigen, sie verbreiteten, alle Menschen hätten ihren Ursprung in Judäa, und die Chinesen seien von dort unter Führung des *Fu-hsi* ausgewandert. Der Himmelsgott des Staatskults wäre eigentlich der Gott der Juden, was in Vergessenheit geraten, aber durch Ricci wieder offenbart worden sei. Das waren Ideen, die den Kulturstolz der Chinesen aufs peinlichste verletzten.
Zugleich versuchte er, die Christen als Geheimbündler darzustellen und nachzuweisen, daß sie nach Art der Schamanen gegen das Kaiserhaus böse Einflüsse beschworen hätten. Die Stelle, bei der er dies vorbrachte und die sich dessen annahm, war das Ritenministerium.
Schall war damals so krank, daß er sich nicht verteidigen konnte, und sein Konfrater Verbiest des Chinesischen noch nicht mächtig. Im April 1665 wurden sie deshalb zum Tod bzw. zur Bastonade verurteilt, das Urteil aber wegen eines Erdbebens und der Fürsprache der Kaisermutter nicht vollstreckt, jedoch alle Kirchen geschlossen und sämtliche Missionare außer den vier in Peking lebenden nach Macao zurückgeschickt.
Yang Kuang-hsien aber kam zu Fall, als sich zeigte, daß er von astronomischen Berechnungen nichts verstand und somit nicht fähig war, die Jesuitenpatres zu ersetzen. 1668 wurden diese rehabilitiert und Verbiest an Stelle des inzwischen verstorbenen Schall in das Direktorium des Astronomieamtes berufen.
Zu beachten ist die Rolle des Ritenministeriums, das auch hier wieder als Wahrer

und Verteidiger des „Chinese way of life" gegen eindringendes Fremdbrauchtum fungiert. Von ihm nahmen die meisten, wenn nicht alle antichristlichen Bewegungen ihren Ausgang. Doch waren sie oft eingebettet in die allgemeine Abwehr aller als staatsfeindlich angesehenen Häresien.

*b. Der Ritenstreit*

Aber weder diese Verfolgung noch das an die Bevölkerung gerichtete Verbot, den fremden Glauben anzunehmen, konnte verhindern, daß das Christentum zunächst immer fester Fuß faßte. Der Hauptschlag gegen seine Ausbreitung erfolgte jedoch auf Grund von Unstimmigkeiten innerhalb der Christen selber, die zum sogenannten Ritenstreit führten.

Dies war eine Auseinandersetzung über die Art, wie man den Chinesen das Christentum nahebringen solle, zwischen den Jesuiten auf der einen und den Dominikanern und Franziskanern auf der anderen Seite. Erst im Jahre 1742 wurde der Streit durch die päpstliche Bulle „Ex quo singulari" endgültig entschieden. Die Methode der Jesuiten war ohne Zweifel die geschicktere. Sie richtete sich nach dem Grundsatz „sorgfältige Sondierung..., kluge Berücksichtigung und Ausnützung der Verhältnisse." Ihre Missionarsarbeit begann deshalb, wie bereits gesagt, oben bei den Spitzen der chinesischen Gesellschaft. Wie wir gesehen haben, benutzten sie die abendländische Wissenschaft, um mit dem chinesischen Gelehrtentum in Verbindung zu treten, und es gelang ihnen tatsächlich nicht nur das, sondern die besten von ihnen wurden unter dies aufgenommen und bewegten sich im Habit konfuzianischer Scholaren. Damit aber erhoben sie sich weit über das inzwischen (d.h. seit der Ming-Zeit) sozial stark abgesunkene Milieu der taoistischen und buddhistischen Mönche. Unter ihrem Schutz war es dann anderen möglich, die Missionstätigkeit auf die Provinzen auszudehnen.

Es ging den Jesuiten in erster Linie darum, den christlichen Glauben, nicht aber abendländisches Brauchtum in China zu verbreiten. Bei ihrem sehr gründlichen Studium der chinesischen Klassiker fanden sie so viele Berührungspunkte mit christlichen Ideen, daß sie die Idee einer „Uroffenbarung", die allen Völkern zuteil geworden war, konzipierten. Ihre Aufgabe bestand danach nur darin, diese herauszuarbeiten und den Chinesen bewußt zu machen.

Im großen ganzen gingen sie also denselben Weg wie die Buddhisten, deren Riesenerfolg ganz unbezweifelbar vor aller Augen stand. Ebenso wie diese bemühten sie sich, traditionsgeheiligte Denkbahnen des Chinesentums zu benutzen, um die neuen Ideen einzuschleusen. Aber während sich die Buddhisten vor allem des Taoismus bedient hatten, stützen sich die Jesuiten auf den klassischen Konfuzianismus. Sie versuchten deshalb zum Beispiel bei der Spendung der heiligen Sakramente alles zu vermeiden, was der vorgeschriebenen strikten Trennung der Geschlechter zuwiderlief.

Das änderte sich, als etwa ab 1633 die spanischen Mönche aus dem Orden der Dominikaner, Franziskaner und Augustiner von den Philippinen her in China einzudringen begannen. Zum Teil wenigstens waren dies düstere Fanatiker, denen der Märtyrertod ebenso erstrebenswert erschien wie die Rettung heidnischer Seelen. Ohne hinreichende Kenntnis der Sprache und des Chinesentums traten sie in ihre fremdartigen und den chinesischen Behörden verdächtigen Mönchskutten gekleidet auf offenen Straßen und Plätzen mit dem Kruzifix in der Hand auf und predigten zum Volk „als wären sie in einer Stadt Europas". Jedes religiöse Zeremonial der Chinesen, wie zum Beispiel der in allen Familien ausgeübte Ahnendienst, wurde von ihnen aufs schroffste bekämpft, Konfuzius und seine ganze Lehre als abscheulicher heidnischer Greuel in die Hölle verbannt. Die Folge solcher Brüskierungen waren sofortige scharfe Gegenmaßnahmen der chinesischen Behörden und eine Verfolgungswelle, die das Bekehrungswerk der Jesuiten fast völlig wieder vernichtete. Ein Schlußpunkt wurde gesetzt, als im Jahre 1773 die Auflösung der Societas Jesu erfolgte. Damit verschwand der Einfluß zugunsten der christlichen Mission am Kaiserhof.

Die Parteinahme des Papstes für diese „christlichen Ritualfanatiker" bedeutete praktisch den Fehlschlag der Missionierung, und Max Weber spricht deshalb recht treffend von den „hoffnungslosen Missionsexperimenten der okzidentalen Konfessionen". Denn es war einfach undenkbar, daß ein Volk, das im traditionellen Zeremonialwesen, Kleidung, Haltung und Lebensstil seinen wichtigsten völkischen Wesenskern sah, diesen freiwillig für ein anderes Zeremonialwesen aufgeben würde.

Weniger wichtig war dagegen der Streit um die chinesische Bezeichnung Gottes. Ob aber *T'ien-chu*, „Himmelsherr", was sich schließlich bei den Katholiken durchsetzte, sehr glücklich war, möchte ich dahingestellt sein lassen, denn man kann darunter verstehen „Hausherr des Himmels", aber auch „Repräsentationstafel des Himmels". Die Feinde des Christentums setzten außerdem für das im dritten Ton gesprochene Chu, „Herr", das im ersten Ton gesprochene Chu, „Schwein", ein.

*c. Die protestantische Mission*

Im Anfang des 19. Jhs. begann die protestantische Mission in China. Ihre ersten namhaften Vertreter wie R. Morrison und W. H. Medhurst befaßten sich allerdings zunächst weniger mit Bekehrungen als mit Sprachstudien. Ihnen sind zu verdanken Bibelübersetzungen, Wörterbücher und Grammatiken. Aus ihren Reihen stammte schließlich James Legge, einer der bedeutendsten Initiatoren der sinologischen Studien im Abendland. Auf Grund ihrer Sprachkenntnis gelang es den protestantischen Missionaren bald, in der Mittelsphäre zwischen Ausländern und Chinesen festen Fuß zu fassen und bei politischen und geschäftlichen Verhandlungen eine Hauptrolle zu spielen. Besonders gilt dies für den aus Pommern stammenden Missionar K. Gützlaff, dessen Kenntnis ostasiatischer Sprachen und chinesischer Dialekte zu seiner Zeit einzigartig gewesen sein muß.

Hauptinstrument der Protestanten war zunächst das gedruckte Wort; sie versuchten, durch massenweise Verteilung religiöser Schriften ihr Werk zu fördern. Damit erreichten sie aber natürlich nur die Schicht der Chinesen, die für fremde Ideen nun gerade am unzugänglichsten war. Zugleich versuchten sie aber auch durch Eröffnung von Krankenhäusern dem Volk näher zu kommen.

Das gesamte christliche Missionswerk trat in ein neues Stadium, als die chinesische Regierung ab 1842 nach verlorenem Opiumkrieg mehr und mehr dazu gezwungen wurde, die religiöse Aktivität der Fremden im ganzen Land zu dulden, ja zu schützen. Jetzt zeigte sich aber nun auch leider, daß die Ausbreiter des Christentums nolens volens als Vortrupp der wirtschaftlichen und politischen Durchdringung dienten.

*d. Bekehrungsmethoden*

Die Bekehrungsmethoden waren nicht immer einwandfrei. Daß die Vorteile der Exterritorialität nicht nur den Missionaren selbst, sondern auch den zum Christentum bekehrten Chinesen zugute kamen, bewirkte natürlich einen Zustrom der nicht gerade besten Elemente.

Ein anderer Antrieb war der Hunger. Da in dem Riesenland immer irgendwo durch Heuschrecken oder Dürre verursachte Katastrophen die Ernte vernichteten, gab es auch immer Teile der Bevölkerung, die sich in extremster Not befanden. Diese Leute waren natürlich bereit, sich in alles zu fügen, wenn ihnen nur eine Überlebensmöglichkeit geboten wurde. Die Missionen benutzten dies, um durch oberflächliche Bekehrungen die Zahl ihrer Konvertiten zu vermehren.

Das zeigt, daß es den Missionaren oft gar nicht um ernsthafte Ausbreitung des Christentums zu tun war, sondern nur um in Zahlen ausgedrückte Scheinerfolge. Manchmal wurden nicht einmal diese angestrebt. Wichtig war allein, den Chinesen das Christentum angeboten zu haben, weil davon die Wiederkehr von Jesus Christus abhing. Ob es angenommen wurde, war Angelegenheit göttlicher Gnade und interessierte erst in zweiter Linie.

Dem Aufbau solcher Scheinerfolge dienten auch die zahlreichen Taufen sterbender Kinder, das sogenannte œuvre angélique. In manchen Fällen hatte der Missionar eine Anzahl Helfer in seinen Diensten, die für ihn die Straßen absuchten nach Familien, bei denen ein Kind im Sterben lag. Das Missionieren wurde, wie dies zeigt, also oft nach dem Vorbild geschäftlicher Konkurrenzunternehmen betrieben. Die größere Zahl der Konvertierungen befähigte natürlich die einzelne Mission, für ihre erfolgreiche Tätigkeit auch größere Unterstützung zu fordern.

*e. Auswirkungen*

Aus der Aktivität der fremden Missionare entwickelte sich nun auch ein Angriff auf den Grundpfeiler der alten chinesischen Gesellschaft, nämlich das Bildungsmonopol der konfuzianischen Gelehrtenschaft. Dies geschah durch die Gründung zahlreicher Missionsschulen, darunter erstmalig solcher, die nur der Erziehung chinesischer Mädchen dienten. Der Unterricht war billiger, und das Erlernte ließ sich wesentlich vielseitiger verwenden als der Lehrstoff der chinesischen Schulen, die oftmals von verkrachten Existenzen der Bildungsschicht als letzte Unterhaltsmöglichkeit geführt wurden.

Wichtig war auch der Umstand, daß sich die Missionare vornehmlich der gewöhnlichen Umgangssprache bedienten, was unumgänglich war, wenn sie sich mit den Volksschichten, die der Bekehrung zugänglich schienen, in Verbindung setzen wollten. Dies bildete höchstwahrscheinlich den ersten Anstoß zur späteren sogenannten literarischen Revolution, d.h. der Erhebung der Umgangssprache in die Sphäre der literarischen Produktion und schriftlichen Aufzeichnung, die das Ende einer schwer zugänglichen reinen Schriftsprache, die das Monopol einer kleinen Oberschicht bildete, einleitete.

Die aggressiv einbrechende abendländische Kultur fand wie seinerzeit auch der

Buddhismus das Chinesentum in einer wenig günstigen Situation. Die religiöse Kraft der beiden Kirchen, der buddhistischen und der taoistischen, war stark geschwächt, wenn nicht gebrochen. Der Konfuzianismus als Hauptinstrument der verhaßten Mandschuherrschaft war einer scharfen Kritik aus den eigenen Reihen ausgesetzt. Trotzdem gelang es den mit allen Mitteln der Überredung ausgestatteten christlichen Missionaren des 19. Jahrhunderts nicht, China zu erobern. Die Zahl der Bekehrten, deren Glaube an sich bereits eine recht zweifelhafte Angelegenheit war, ging nie über einige Hunderttausend hinaus – in einer Bevölkerung von mehreren hundert Millionen eine verschwindende Minderheit.

*Der Islam*

Bei Christen und Mohammedanern werden die Zahlen der Bekenner angegeben, was für die Anhänger der beiden einheimischen Religionen, Buddhismus und Taoismus, so gut wie unmöglich wäre, da die Bevölkerung zwischen deren Tempeln, die sich oft nur wenig unterschieden, je nach Wirksamkeit der Fürbitten hin und her fluktierte, so daß von eindeutig fester Zugehörigkeit zu einer von beiden nicht die Rede sein konnte. Registriert waren nur die zugelassenen Priester.
Der sehr verschiedene religiöse Habitus der beiden Fremdreligionen brachte es mit sich, daß deren Gemeinden von der übrigen Bevölkerung merklich abgesondert waren. Isolierend wirkte bei den Mohammedanern bereits die Enthaltsamkeit von Schweinefleisch, eines der Hauptnahrungsmittel der Chinesen. Das schloß sie von gemeinsamen Mahlzeiten aus, die bekanntlich in China zur Anbahnung freundlicher Beziehungen außerordentlich wichtig sind.
Die größten Gruppen der Mohammedaner finden sich auch heute noch in Yünnan (etwa vier Millionen), in Kansu (über acht Millionen) und in Shensi (etwa 3,5 Millionen). Dort ereigneten sich während der Ch'ing-Zeit die großen Aufstände, in Yünnan 1855–78 und in Shensi, Kansu und Chinesisch-Turkestan 1862–70. In beiden lassen sich klare Tendenzen erkennen, unabhängige islamische Staaten zu gründen. Die Niederwerfung der Aufstände war also nicht so sehr ein Schlag gegen gefährliche Häretiker, sondern hatte in erster Linie politische Gründe. Zumal in Turkestan konnten die Mohammedanerführer mit Interesse und Hilfe aus dem Ausland rechnen.
Auch in den großen Städten bestanden mohammedanische Gemeinden. Die in Peking wurde für das Jahr 1914 mit 30000 Personen beziffert. Sie besaß über 32 Moscheen. Allein schon das zeigt, daß sie keineswegs aus armen Leuten bestand. Unter ihnen gab es große Geschäftsinhaber, Geldverleiher, besonders aber Schlächter (Rind und Hammel) und auch einige Staatsbeamte. In ihren Händen befand sich fast der gesamte Karawanenverkehr. Die Mullas hatten oft eine gute Kenntnis des Arabischen bewahrt. Chinesisch wurde von ihnen gesprochen. Sie konnten es aber nur selten lesen und schreiben. Auch das ist kennzeichnend für die isolierte Stellung des Islam in China.
Unter sich haben sich die Mohammedaner in eine mehr konservative Gruppe, die streng auf die Reinhaltung der religiösen Gebräuche sieht, und in eine mehr liberale getrennt. Beide befehdeten sich oft bis zum Blutvergießen.

W. Eichhorn, Die Religionen Chinas, Kohlhammer, Stuttgart 1973, S. 363–368.

### *3.9.4 Der Konfuzianismus in der Neuzeit (19. und 20. Jahrhundert)*

Das 19. Jh. stand in zunehmendem Maße im Zeichen der Auseinandersetzung mit abendländischen Mächten und Gedanken. Die Hohlheit des traditionsgerichteten geistigen Lebens trat besonders seit dem *Opiumkrieg* klar zutage.

*1. Der Taiping-Aufstand und seine Unterdrückung*
Die erste ernsthafte innerchinesische Herausforderung des konfuzianischen Staates war die von christlichen Doktrinen durchsetzte, aber noch stark synkretistische Ideologie der Taiping, die eine radikale Alternative zum konfuzianischen Staat darstellte. Eine patriotische, vom konfuzianischen Grundmodell der Gesellschaft getragene Gegenbewegung, die vor allem von Tseng Kuo-fan inspiriert war, brachte die Bewegung zum Scheitern. Tsengs Konservatismus wurde durch antiwestliche und besonders antichristliche Motive verstärkt. Er und seine Anhänger lehnten jedoch nicht alles ab, was vom Ausland kam, wie die *Selbststärkungsbewegung* zeigte. Unter dem Schlagwort „Chinas Lehren dienen als innere Substanz, die Lehren des Westens praktischen Zwecken" erhoffte man sich – wie es auch Japan zu zeigen schien – eine Modernisierung Chinas nach westlichem Muster unter Beibehaltung der konfuzianischen „Ziviltheologie".

*2. Die Reformbewegung von 1898:*
Der wichtigste Vertreter solcher reformerischen Tendenzen war K'ang Yu-wei, der seine Reformen mit Hilfe der konfuzianischen Klassiker begründete. Eine Studie, in der er die altehrwürdigen kanonischen Texte als spätere politische Fälschungen der Wang Mang-Periode hinstellte und so die immer noch bestehende Orthodoxie angriff, erregte großes Aufsehen. Dabei griff er bewußt auf die von Tung Chung-shu geförderte prophetische *Kung-yang*-Tradition und im allgemeinen zur „Modernen-Text-Tradition" der frühen Han-Zeit zurück. In einem weiteren Werk stellte er Konfuzius als Reformer hin, der sich auf die vorkonfuzianische Tradition berufen habe, um seine eigenen reformatorischen Ideen zu untermauern, nicht um diese Tradition aufrechtzuerhalten. Das war das Prinzip des *t'o-ku kai-chih* („gestützt auf die Lehren der alten Zeit, die Institutionen ändern"). Mit diesem Prinzip war der Weg offen für K'angs eigene reformatorische Gedanken (*Reformbewegung 1898*). In seinem *Ta-t'ung shu (Buch von der großen Gemeinschaft*) entwirft er eine Utopie, die die Welt als eine riesige Kommune sieht, in der u.a. die Ehe abgeschafft und die Kinder öffentlich erzogen werden sollen. Angeregt wurde K'ang zwar vom *Buch der Riten*, aber er entfernte sich auch weit von der konfuzianischen Tradition. Wie sein wohl glänzendster Schüler und Mitarbeiter Liang Ch'i-ch'ao von ihm sagt, fand K'ang in obskuren Textstellen der Klassiker die Ideen der Demokratie, des Völkerbundes, der öffentlichen Erziehung von Kindern, der Kranken- und Altersversicherung, des Kommunismus usw. Liang selbst war radikaler und der konfuzianischen Tradition gegenüber viel kritischer. Doch auch er ist in seiner Übernahme westlicher Kultur nie so revolutionär gewesen, daß er die nationale kulturelle Tradition zugunsten neuer universeller Werte abtat. In seinen späteren Jahren wurde er immer mehr zum konservativen Mahner, der für das traditionelle nationale Erbe kämpfte. K'ang Yu-wei wollte den Konfuzianismus sogar zur offiziellen Religion erheben im Sinne der christlichen

Religion im Westen – ein weiterer Beweis für die stark abendländischen Komponenten in seinem Denken.
Mit der konfuzianischen Staatsorthodoxie war es übrigens nach der Reformbewegung und einer kurzlebigen erzkonservativen Reaktion bald zu Ende. Die Abschaffung der Staatsprüfungen 1905 unter dem Druck neuer Erziehungsmodelle nach abendländischem Muster kann als das Ende des konfuzianischen Staates schlechthin betrachtet werden. Die Beseitigung des Kaisertums zugunsten einer Republik war danach nur noch eine Zeitfrage.

*3. Der Konfuzianismus in der Zeit der Republik:*
Die verhängnisvolle Krise des konfuzianischen Staates war also zugleich eine tiefgehende Krise der konfuzianischen Lehre. Während der geistige Einfluß des modernen Abendlandes gewaltig wuchs, verknüpfte sich das Interesse am Konfuzianismus immer stärker mit der Frage nach der eigenen chinesischen Identität. Die Lehre wurde sozusagen weniger um ihrer universalen Wertaspekte als um ihrer nationalen chinesischen Qualität willen betrachtet. Kurz, der Konfuzianismus stand im Zeichen der geistigen Auseinandersetzung mit dem Abendland.
Die revolutionäre Bewegung Sun Yat-sens war der konfuzianischen Lebensphilosophie nicht abhold, obwohl sie einen modernen republikanischen und demokratischen Staat errichten wollte. Aber auch hier überwog das nationalistische Moment; und auch nur so ist Suns Eklektizismus zu verstehen. Als sozialethische Grundlage der neuen Republik war das konfuzianische Erbe willkommen; nicht aber – wie K'ang Yu-wei und andere am Anfang der Republik es nochmals versuchten – als in der neuen Verfassung verankerte Staatsreligion. Bezeichnenderweise bestand die Opposition gegen diesen Vorschlag nicht nur aus modernistischen Ikonoklasten, sondern auch aus orthodoxen Konfuzianern wie Chang Taiyen aus der Überzeugung heraus, daß der Konfuzianismus nie eine Religion gewesen sei.
Der eigentliche Angriff auf den Konfuzianismus als verknöcherte Orthodoxie, die für die Stagnation der traditionellen Gesellschaft verantwortlich war, kam erst mit der ikonoklastischen *Bewegung des 4. Mai.* Auch Versuche einer Synthese zwischen der konfuzianischen Tradition und den neuen westlichen Werten wurden von den konsequenten Erneuerern abgelehnt. Dennoch waren solche Versuche unvermeidlich, da man bei dem massiven Einbruch der modernen geistigen Welt einer Auseinandersetzung nicht aus dem Wege gehen konnte. Nach einer Europareise im Jahre 1919 warnte Liang Ch'i-ch'ao seine Landsleute vor der drohenden Gefahr einer materialistischen Zivilisation, deren Zusammenbruch er in Europa nach dem 1. Weltkrieg gesehen hatte. 1920/21 hielt sein Schüler Liang Sou-ming eine Reihe von – später unter dem Titel „Östliche und westliche Kulturen und ihre Philosophien" herausgegebenen – Vorlesungen, in welchen er dem allzu dynamischen und materialistischen Weg des Westens und dem allzu statischen geistigen Weg Indiens den mittleren Weg der konfuzianischen Harmonie vorzog. Der Dewey-Schüler Hu Shih, einer der führenden Intellektuellen der 4.-Mai-Bewegung, lehnte diesen Standpunkt scharf ab und erhob seine Forderung nach „völliger Verwestlichung". Zugleich aber befaßten er und andere Gelehrte sich auch mit der wissenschaftlichen Erforschung von Chinas geistiger Vergangenheit, deren Er-

gebnisse in der von Ku Chieh-kang herausgegebenen Studienreihe *Ku-shih pien (Diskussionen über die Geschichte des Altertums)* niedergelegt wurden.
Die Weiterführung der konfuzianischen Lehre als Lebensphilosophie fand inzwischen noch würdige Vertreter. Hsiung Shih-li setzte, stark von buddhistischer Philosophie beeinflußt, die idealistische Tradition des Wang Yang-ming und seiner Schule fort, indem er ihre Betonung der intuitiven Erkenntnis des kosmischen Geschehens als Einwirkung des *jen*, der Kreativität schlechthin, übernahm. Seine Lehren wirken heute noch weiter in den Schriften von Philosophen wie T'ang Chün-i und Mou Tsung-san in Hongkong. Rationalistischer und eher auf die frühere Phase des Neo-Konfuzianismus der Brüder Ch'eng und des Chu Hsi zurückgehend, war Feng Yu-lan, dessen in den 1920er Jahren verfaßte Geschichte der chinesischen Philosophie durch Übersetzung zu einem weltberühmten Standardwerk geworden ist. Seine eigene Philosophie legte Feng erst in einer Reihe von Publikationen seit 1939 nieder. Auch er erkennt *li* als das letzte ordnende Prinzip an, aber für ihn wird es transzendent, was es für die Neo-Konfuzianer der Sung-Zeit nicht war. Der Weg zum Verständnis dieses *li* führt über die Erkenntnis, die bei ihm mehr ist als rationale, wissenschaftliche Erkenntnis, und über das moralische Handeln, das durch diese entwickelt wird.
Trotz dieser und mancher anderen Beispiele muß das republikanische Zeitalter als eine „post-konfuzianische" Ära bezeichnet werden. Die Wirkung moderner westlicher Ideen auf eine westlich erzogene Elite einerseits und die Verbreitung sozialistischen und kommunistischen Gedankengutes in breiteren Schichten des Volkes andererseits schufen ein Klima, in welchem für das traditionelle Gedankengut nur wenig Raum blieb. Zwar stützte sich der Nationalismus der KMT, besonders nach der Machtübernahme Chiang Kai-sheks, immer mehr auf Elemente der konfuzianischen Tradition – zu denken ist in erster Linie an die von Chiang in den 1930er Jahren hervorgerufene Bewegung *„Neues Leben"* und an einen Autor wie Ch'en Li-fu, der für Sun Yat-sens Lehre eine metaphysische Grundlage schuf –, aber von einer echten Wiederbelebung des Konfuzianismus kann nicht die Rede sein, obschon dieser in Taiwan weiter in hohen Ehren gehalten wird.

*4. Der Konfuzianismus in der VR:*
Die neuen Führer Chinas hatten schon früher erkannt, daß trotz des Verschwindens der konfuzianischen Staatsstruktur die derselben Quelle entstammende Lebenshaltung und Denkart in mannigfacher Weise im Volke weiterwirkte, wenn auch nicht mehr als eine bewußte Lebensüberzeugung. In seinen *Reden über Literatur und Kunst* hatte Mao Tse-tung ausdrücklich erklärt, man könne die Geschichte früherer Jahrtausende nicht einfach abschneiden, man solle aber dieses Erbe nach den marxistisch-leninistischen Prinzipien neu zusammenfassen. Es gab keinen Kompromiß mit der Vergangenheit, aber das Vokabular dieser Vergangenheit hatte noch immer einen Platz in der neuen Sprache, die man nunmehr verwendete. Welchen Platz, blieb aber noch lange Zeit eine Frage der Auslegung. Es galt das, was unbewußt im Geist weiterlebte, an die Oberfläche zu bringen, und das war die wichtigste Triebfeder in der Neuinterpretation der chinesischen Geistesgeschichte. Derselbe Feng Yu-lan, der während der Zeit der Republik versucht hatte, auf neo-konfuzianischer Grundlage, aber auch unter dem unverkennbaren

Einfluß abendländischer Philosophie eine neue Lebensphilosophie zu entwerfen, legte 1950 ein Geständnis seiner früheren Fehler ab, in welchem er sich von den idealistischen Momenten seiner Philosophie distanzierte und sich zum Materialismus bekannte. Für ihn und andere Gelehrte war dies der Anfang einer praktischen Einarbeitung in die materialistische Philosophie, die in zahlreichen Diskussionsbeiträgen – und im Falle Fengs 1962–1964 sogar in einer völligen Umarbeitung eines Teiles seiner berühmten Philosophiegeschichte – ihren Niederschlag fand. Die Diskussionen um Konfuzius, an denen sich Parteidogmatiker von der Schule Hou Wai-lus maßgeblich beteiligten, fanden ihren ersten Höhepunkt in der *Hundert-Blumen-Bewegung* von 1957 und kulminierten in den frühen 60er Jahren in einer zweiten Debatte auf nationaler Ebene, einschließlich eines Symposiums von 160 Gelehrten in der Nähe von Konfuzius' Geburtsort in Shantung (1962).
Die historisierende Tendenz, die schon in den 20er und 30er Jahren in intellektuellen Kreisen vorgeherrscht hatte, wurde in dem gegebenen Rahmen der marxistischen Geschichtsauffassung noch klarer: Die Philosophie des Konfuzius und seiner Nachfolger konnte im sozialgeschichtlichen Verlauf ihrer eigenen Epoche noch einen gerechten Platz bekommen; jeder Versuch aber, aus ihr ewige Werte zu destillieren, die auch für die heutige Zeit ihre Gültigkeit haben, wurde von der Seite der Dogmatiker heftig bekämpft. Die Kategorien waren vorgegeben: Da die gesellschaftlichen Verhältnisse das Bewußtseins bedingen, mußte zuerst die Frage beantwortet werden, ob Konfuzius zu den für seine Zeit fortschrittlichen oder reaktionären Kräften gezählt werden solle. Je nach Beantwortung dieser Frage konnten bestimmte Elemente seiner Philosophie als primitiv-materialistisch oder als idealistisch, als atheistisch oder theistisch beurteilt werden. Die Meinungen über die Beantwortung der ersten und demzufolge auch der zweiten Frage gingen z. T. weit auseinander, und von nichtdogmatischer Seite tauchte am Rande auch die Frage auf, ob die vorgegebenen Beurteilungskategorien für jene Epoche des Konfuzius überhaupt zuträfen. Der Wunsch, über das konfuzianische Erbe ein einigermaßen positives Urteil beizubehalten, war zu stark, als daß er von den Parteidogmatikern ignoriert werden konnte. 1964 wurde dann im Rahmen einer erneuten ideologischen Straffung diesen Diskussionen ein vorläufiges Ende bereitet, und seit der *Großen Proletarischen Kulturrevolution* hat sich die Diskussion um das nationale Erbe noch nicht wiederbelebt. Wieviel nun heute noch von der konfuzianischen Gedanken- und Vorstellungswelt in den Kreisen der Intellektuellen und des Volkes nachwirkt, ist eine offene Frage, die erst von späteren Generationen beantwortet werden kann. Zur Beantwortung dieser Frage müssen nicht nur die bewußten Urteile über die konfuzianische Vergangenheit, sondern auch die Möglichkeit, daß das Leben vieler Menschen noch unbewußt von ihr geprägt ist, in Betracht gezogen werden. Einstweilen aber ist der Konfuzianismus im China der Volksrepublik zur Bedeutungslosigkeit verurteilt.

W. Franke (Hrsg.), China Handbuch, Westdeutscher Verlag, Opladen 1978, Sp. 662–666.

### *3.9.5 Konfuzius und Karl Marx (von Lin Yutang)*

Es liegt im Wesen des Lebens, daß wir als Menschen der Gegenwart zunächst an die Gegenwart denken müssen. Aber nur, wenn wir geschichtliche Maßstäbe anlegen, können wir ganze Jahrzehnte und Jahrhunderte zusammenraffen und Entwicklungslinien verfolgen. In den Jahren 1928 und 1929 waren russische proletarische Romane sehr beliebt bei den jungen Chinesen – zwanzig Jahre später wurde im Lande Konfutses ein kommunistischer Staat proklamiert, die Volksrepublik China.

Der Niedergang des Konfuzianismus hatte schon lange vor der kommunistischen Machtergreifung eingesetzt. Er war durch die radikale Welle, die seit 1919 über das Land hinwegging, beschleunigt worden. „Wenn China sich nicht ändert und die Vergangenheit vergißt, muß es untergehen!" Dieses Gefühl lag deutlich spürbar in der Luft.

Die Generation, die in den ersten Jahren der Republik aufwuchs, legte es mehr darauf an, den Konfuzianismus lächerlich zu machen (wenn sie ihn nicht einfach ignorierte), als ihn anzugreifen oder zu bekämpfen. Nun war Konfutse auch nicht sehr glücklich in der Wahl seiner Verbündeten. Ausgerechnet die Generale des Bürgerkrieges gaben sich als Stützen der überkommenen Moral aus. Aber früher oder später wäre wohl doch ein Wechsel eingetreten und vielen Intellektuellen ein größeres Verständnis für Konfutses Humanismus und Wertschätzung der menschlichen und gesellschaftlichen Werte aufgegangen. Schon wurden die jungen Radikalen allmählich gesetzter, und auch die Professoren fingen wieder an, sich mit dem Konfuzianismus zu beschäftigen. Den ganzen Krieg über arbeitete Professor Fung Ju-lan von der Tsing-Hua-Universität in Peking an einer neuen Interpretation des Konfuzianismus, einer Art Neo-Konfuzianismus also. Mit dem Sieg des Kommunismus gab der Gelehrte diese Arbeit auf, ja hielt es sogar für angebracht, sein Lebenswerk zu verleugnen und sich öffentlich zu der siegreichen Ideologie zu bekennen („Ich danke den Massen dafür, daß sie mir die Augen geöffnet haben"). Konfuzianismus und Taoismus wurden als „Gift" abgelehnt (in Analogie zum Christentum als „Opium für das Volk"). Die konfuzianischen Bücher wurden weniger verboten als ignoriert. Übrigens galt der Vorwurf des „Giftigen" für alle alten Schriften. Auch die Geschichtsbücher wurden ebenso systematisch umgeschrieben, wie kommunistische Arbeiter im Dorfrat an die Stelle der Ältesten traten, in denen man mögliche Oppositionsführer sah.

Es fällt westlichen Beobachtern, die in China gelebt haben und das chinesische Volk aus eigener Anschauung kennen, schwer zu glauben, daß Menschen von so gesundem Menschenverstand und so viel Mäßigung, wie es die Chinesen sind, zu eifernden und fanatischen Kommunisten geworden sein sollen. Da muß man sich natürlich fragen, wie lebendig der konfuzianische Humanismus und die taoistische Idee des „laisser faire" im modernen China überhaupt noch waren und ob gegenwärtig eine Möglichkeit besteht, daß das „philosophische Temperament" des Chinesen sich wieder auf sich selbst besinnt. Eigentlich sollte man diese Frage in zwei Unterfragen aufgliedern: 1. Ist zwischen der marxistischen Ideologie und den Vorschriften Konfutses ein Kompromiß möglich? 2. Welche Gültigkeit ist den konfuzianischen und taoistischen Lehren heute noch beizumessen?

Es ist ein Gemeinplatz, daß der Konfuzianismus mit seinem Familiensinn, seiner Erkenntnis, daß Nächstenliebe zu Hause beginnen müsse, und dem Nachdruck, den er auf vernünftige soziale Beziehungen legte, die chinesische Gesellschaft zweieinhalb Jahrtausende hindurch maßgeblich beeinflußt hat. Jeder Aspekt des chinesischen gesellschaftlichen Lebens – kindliche Ehrerbietung, Respekt vor Gelehrten, Dorfregierung durch Älteste, Achtung des Alters, Auslese einer Führungsschicht – trägt Konfutses Stempel.
Diesen positiven Seiten des chinesischen Lebens steht allerdings eine ganze Reihe negativer Charaktermerkmale gegenüber, die auf den Taoismus zurückgehen; vor allem eine ausgesprochene Wurstigkeit gegenüber der Welt, soweit man nicht direkt für sie – beziehungsweise einen bestimmten Sektor von ihr – verantwortlich ist. Verlassen die ehrenwerten Ältesten ihre Gemeinde, treten sie sozusagen auf die offene Landstraße des Lebens hinaus, hört auf einmal ihr Verantwortungsgefühl auf, und sie scheinen wie hartgesottene Straßenräuber nur noch den Grundsatz: „Nach uns die Sintflut!" zu kennen. Man kann diese Haltung auch poetisch-unbedenklich oder religiös-zuversichtlich nennen, denn offenbar sind die Gentlemen-Straßenräuber davon überzeugt, daß das Tao schon alles richtig setzen wird. Die eigentümliche Mischung von Verantwortung und Verantwortungslosigkeit ist typisch für den Habitus des chinesischen Volkes. Ich persönlich bin übrigens der Ansicht, daß vor allem die schöne Unbekümmertheit in der Welt nicht ihresgleichen hat.
Aber schließlich hat jede Nation ihre Schwächen, und wenn man alle Unzulänglichkeiten des chinesischen Volkes auf Konfutses Rechnung setzt, dann hat er natürlich sehr viele Sünden auf dem Gewissen. Wir neigen wohl zu Unrecht dazu, den Charakter eines Volkes, der doch etwas sehr Komplexes ist, einer einzigen Quelle zuzuschreiben. Es steht allerdings fest, daß Konfutse oder das chinesische Volk vergessen haben, eine Habeas-Corpus-Akte (wie die englische von 1679, die das Individuum gegen willkürliche Verhaftung schützt) oder auch nur etwas entfernt Analoges zu entwickeln. Und ich für meinen Teil glaube, daß der Rechtsschutz durch einen einzigen Habeas-Corpus-Paragraphen mehr wert ist als alle „Gespräche" des Konfutse zusammengenommen. Man muß sich aber immer vor Augen halten, daß Konfutse vor allem Moral- und Gesellschaftsphilosoph und erst in zweiter Linie politischer Theoretiker war. Er glaubte, daß man in einer Zeit des Chaos eher moralische und soziale als politische Lösungen anstreben müsse. Und diese Einsicht ist Gold wert. Konfutse suchte den politischen Frieden zu erreichen, indem er zunächst einmal eine Gesellschaftsordnung auf der Grundlage wohlausgewogener menschlicher Beziehungen errichtete. Wenn die Menschen von innen heraus erzogen und verändert worden sind und als gute Väter, gute Bürger und gute Gatten leben, wird daraus von selber eine gesunde politische Ordnung fließen. Vielleicht klingt das etwas idealistisch. Aber sind nicht alle großen Lehrer Idealisten?
Unsere Frage nach der Möglichkeit eines Kompromisses zwischen konfuzianischer und kommunistischer Wesensart muß – wenn wir uns Frau Sun Jat-sen anschließen – verneint werden. Sie definiert den orthodoxen kommunistischen Standpunkt folgendermaßen. „Konfutses Lehren sind durch und durch feudalistisch und autokratisch. Wir müssen uns klarmachen, wie tief der Konfuzianismus

unsere Kunst, Literatur, Gesellschaftswissenschaft und Moral geprägt hat. Wir müssen große Anstrengungen machen, die konfuzianischen Ideen aus jedem Winkel unseres Lebens und unserer Gedankenwelt herauszureißen." Tatsächlich hat man solche großen Anstrengungen gemacht: Von 15 000 Büchern, die der Katalog der „Commercial Press" früher umfaßte, blieben Ende 1952 nur 1224, von mehr als 12000 der Chung Hwa Book Company einige 1500 auf der Verkaufsliste.
In jedem Land lebt die Gesellschaft nach einem bestimmten Moralkodex. In christlichen Ländern ist er christlicher Natur. In China wurde er durch den Konfuzianismus gestellt. Der Kommunismus, der etwas anderes an die Stelle setzen wollte, fand es notwendig, vor allem die Familiensolidarität – das Herzstück des Konfuzianismus – aufzulösen. Man schreckte nicht davor zurück, die Kinder gegen ihre Eltern aufzuwiegeln. Und es ist ja wirklich nicht sehr schwer, die Jungen zum Ungehorsam gegenüber den Alten anzuhalten. Die zweite Frage, die wir uns gestellt haben, bezog sich auf die Lebenskraft, die dem Konfuzianismus und Taoismus heute noch innewohnt. Nun, da die Morallehrer im allgemeinen die Politiker überdauern, glauben wir, daß Gandhi länger als Nehru, und Konfutse und Laotse länger als Mao Tse-tung dauern werden. Konfutses „Goldene Regel" wird weiterleben. Und auch Laotses geistreiche Formulierungen, seine Tiefe und sein Kampf gegen Irrtum und Vorurteil werden dem suchenden menschlichen Geist immer etwas zu geben haben. Laotses Lehre der Sanftmut und Demut wird wie die Bergpredigt allen politischen Verfolgungen trotzen.
Wie ist es möglich, daß das chinesische Volk die Verneinung aller seiner Lebensgewohnheiten und Glaubensvorstellungen akzeptiert und sich dem rigorosen Totalitätsanspruch eines Regimes unterwirft, das alle Kräfte für die Staatswirtschaft einspannt? Die Antwort ist einfach: Es muß sich im Augenblick wohl oder übel fügen. Aber Ideen sind wie Samenkörner. Sie können lange schlafend im Boden liegen, bis ein günstiges Klima sie wieder zum Leben erweckt. Wann oder wie das geschehen, wann oder wie also das chinesische Volk wieder zu den konfuzianischen Idealen und der Toleranz Laotses zurückkehren wird, hängt wohl in erster Linie von der internationalen Politik ab. Als Chinese jedenfalls hoffe ich, daß ich es noch erleben werde.

Lin Yutang, Konfutse und Marx, in: Die großen Religionen der Welt, Knaur/Droemer, München 1958, S. 88 f.

# 4 LAOTSE UND DER TAOISMUS

## 4.1 Die Bedeutung des Taoismus

Wie die Lehre des Konfuzius haben auch die Gedanken des Laotse, die uns wahrscheinlich im Tao-te-ching überliefert sind, das geistige und politische Leben Chinas und der von ihm kulturell beeinflußten Länder Vietnam, Korea und Japan gezeichnet. Während der Konfuzianismus in erster Linie das soziale Fundament Chinas bildete und das Zusammenleben in Familie und Staat regelte, befriedigte der Mystizismus des Laotse das metaphysisch-religiöse Empfinden der Chinesen. Zusammen mit Konfuzianismus und alter Reichsreligion entwickelte sich der sogenannte chinesische Universismus. Der Taoismus ist die einzige Religion Chinas geworden, die als Gemeinschaft organisiert ist und an deren Spitze ein Oberpriester steht (Himmelsmeister/Celestial Master).

Während über das heutige Schicksal des Taoismus in der Volksrepublik China wenig bekannt ist, erlebt er auf Taiwan (Republik China) eine Wiedergeburt. 1949 waren nach der chinesischen Revolution viele taoistische Priester und Gläubige nach Taiwan geflohen. Seit Beginn der sechziger Jahre erlebte der Taoismus auf Taiwan dann einen starken Zustrom; alte Tempel wurden renoviert, viele andere neu gebaut. 1965 wurde die Nationale Taoistische Gemeinschaft (The National Taoist Association) gegründet, die heute 480 taoistische Gemeinden umfaßt. Seit 1970 leitet Chang Yüan-hsien als 64. Himmelsmeister den Taoismus. 1977 zählte man in Taiwan 4112 Tempel mit 2300 Priestern und 3,8 Millionen Gläubigen (Quelle: Innenministerium von Taiwan/Bureau of Civil Affairs 1977). Kleinere taoistische Gemeinden gibt es außerhalb Taiwans bei den Auslandschinesen in Penang (Pinang) auf Malaysia, in Singapore und Bangkok (Thailand).

Stärker als im Konfuzianismus müssen wir im Taoismus zwischen einer philosophisch-theologischen Richtung und der Volksreligion unterscheiden, welche die mannigfaltigsten Ströme in sich aufgesogen hat.

Laotse auf dem Wasserbüffel, mit dem er nach Westen geritten sein soll. Holzschnitzerei, 19. Jahrhundert.

## 4.2 Der philosophisch-theologische Taoismus – Laotse und seine Schüler

### 4.2.1 *Leben und Wirken Laotses*

Laotse soll das Hauptwerk des Taoismus, das Tao-te-ching abgefaßt haben. Es ist jedoch umstritten, ob Laotse überhaupt eine historische Persönlichkeit ist. Die heutige Forschung neigt dazu, ihn als geschichtliche Person anzusehen, von der wir freilich so gut wie nichts wissen. Während frühere Gelehrte annahmen, er habe im 6. vorchristlichen Jahrhundert gelebt, ist man sich heute darüber einig, daß er nicht früher als 300 v. Chr. gelebt haben kann.
Die wichtigste Quelle, die von ihm berichtet, ist die Biografie von Ssu-ma Ch'ien, welche um 100 v. Chr. geschrieben wurde. Sie bietet aber nur Legenden. Danach wäre Laotse im Osten der Provinz Honan geboren und wäre Gelehrter am Hofe der Chou-Dynastie gewesen. Er soll sogar mit Konfuzius zusammen getroffen sein. Bei diesem Besuche habe er Konfuzius wegen seines Stolzes und Ehrgeizes getadelt. Laotse habe weiter wegen eines Zerwürfnisses mit seinem König sein Amt aufgegeben und sei über den Hsien-ku-Paß in den Staat Ch'in ausgewandert. Der Paßwächter habe ihn gebeten, ihm seine Gedanken in einem kleinen Buch aufzuschreiben. Daraufhin habe Laotse das Tao-te-ching, das „Buch vom ewigen Weltengesetz der Tugend", verfaßt. Dann habe er das Land verlassen, „und niemand weiß, was aus ihm geworden ist.".
Seit dem 2. nachchristlichen Jahrhundert ranken sich um die Gestalt Laotses viele weitere Legenden, die wohl in Anlehnung an die Buddha-Legenden gebildet wurden: Ein Lichtstrahl habe Laotse gezeugt, er sei bereits als alter Weiser auf die Welt gekommen und habe durch Zauberkünste sein Leben verlängern können. Bereits sein Biograf Ssu-ma Ch'ien bezifferte sein Lebensalter auf 150 bis 200 Jahre. Nach seinem Tode sei er als Buddha wiedergeboren worden.

### 4.2.2 *Das Tao-te-ching*

*a) Das Tao-te-ching als Lehre Laotses.* Laotses Lehre wird mit der des Tao-te-ching gleichgesetzt. Andere Quellen seiner Lehre sind sonst nicht bekannt. Heute gilt als sicher, daß das Tao-te-ching nicht von einem einzigen Autor stammen kann, sondern als eine Sammlung mystischen Gedankengutes anzusehen ist, die zum Teil auf die konfuzianische Zeit, zum Teil auf spätere Jahrhunderte zurückgeht. In der heutigen Form kann es frühestens um 300 v. Chr. entstanden sein. Die Grundgedanken des Tao-te-ching entfalten sich in den Begriffen des Tao, des Te und des Wu wei.

*b) Der Begriff Tao.* Das Wort „*Tao*" hat in den europäischen Sprachen keine Entsprechung. Die Grundbedeutung ist „Weg, Pfad", aber schon in frühester Zeit wurde es mit „Gott, Vernunft, Wort" übersetzt. Konfuzius verstand es als „Weltengesetz", das die Rechtschaffenheit beinhaltet. Die chinesischen Buddhisten haben mit *Tao* den indischen Begriff „Dharma" (= Lehre des Buddha) wiedergegeben, die christlichen Missionare übersetzten das griechische Wort „Logos" (= Wort) in Johannes 1 mit Tao.

Laotse versteht unter dem Begriff *Tao* den Urgrund des Seins, der ewig, namenlos, schöpferisch, erhaltend, gesetzmäßig, harmonisch ist, die Leere, in der alle Dinge ihre Wurzel haben. Im *Tao* sind alle Einzelerscheinungen enthalten: ihre Formen, Seinsweisen und Kräfte. *Tao* ist das Maß aller Dinge und Lebenssinn aller Geschöpfe. *Tao* ist nicht nur die unwandelbare Gesetzmäßigkeit des Universums, sondern das Absolute, das Göttliche, das aus dem Chaos entstand und Himmel und Erde in sich birgt. *Tao* wird für Laotse sogar zur persönlichen Gottheit, die die Welt und die Menschen geschaffen hat und sie in Liebe erhält. *Tao* beugt sich demütig zur Erde herab und hegt und pflegt seine Geschöpfe.
Laotse gibt uns keine ausgefüllte Lehre von Gott. Als Mystiker versucht er, über das Unaussprechliche und Nichtfaßbare etwas auszusagen: „Wahrlich, unermeßlich ist das *Tao*, aus sich selbst heraus wirkend, scheinbar ohne zu handeln, das Ende aller Zeiten, der Anfang aller Zeiten, bestehend vor der Erde, und eher als der Himmel vorhanden, schweigend umfassend die Ganzheit der Gezeiten, ununterbrochen fortbestehend durch alle Äonen; im Osten lehrte es den Vater Konfuzius, im Westen bekehrte es den „Goldenen Mann“ (= Buddha, d. V.). Genommen als Norm von einem Hundert von Königen, überliefert durch Generationen von Weisen, ist es der Urahn von allen Lehren, das Mysterium jenseits aller Mysterien.“*(Felseninschrift aus der Ming-Zeit, 1556)*

*c) Der Begriff „Te“.* Das Wirken des *Tao* im Reich des Seienden nennt Laotse *„Te“*. *Te* ist die ausstrahlende magische Kraft, die mystische Macht des *Tao*. Im sozialethischen Bereich wird es als sittliche Kraft, als Tugend, verstanden. Laotse grenzt sich aber scharf von dem *Te*-Begriff des Konfuzius ab: „Der Mensch höherer Tugend ist nicht tugendhaft, deshalb besitzt er Tugend. Der Mensch niedriger (= konfuzianischer) Tugend weicht niemals von der Tugend ab, deshalb besitzt er keine Tugend.“ Dieses *Te* kann nur im Herzen des Weisen gefunden werden. Es zeigt sich in der Demut, die sich selbst erniedrigt, um erhöht zu werden; es zeigt sich in der Liebe, die auch die Liebe zu den Feinden umfaßt. Freilich ist diese Feindesliebe anders begründet als bei Jesus oder Buddha. Die Nächstenliebe ist weder letzter Grund des Handelns, in dem alle denkbaren Gebote und Verbote ruhen (Jesus), noch ist sie Mittel zur Selbsterlösung (Buddha). Für Laotse ist die Liebe die Antwort auf die Ereignisse, die von außen auf mich zukommen, nicht aber ein Handeln, das zunächst von mir selbst ausgeht. So muß folgerichtig der Angriffskrieg abgelehnt werden. Der Verteidigungskrieg dagegen darf als Ziel nur haben, wieder Ruhe und Ordnung herzustellen. Der Sieger soll die Tugend der Feindesliebe als Verzicht auf Vergeltung und Mitgefühl mit dem Besiegten ausüben. Er soll möglichst wenig aktiv sein, auf keinen Fall aber Böses tun. Diesen Grundsatz des Nicht-Handelns nennt Laotse *„Wu wei“* (= Nichttun).

*d) Der Begriff „Wu wei“. Wu wei,* das mystische Nicht-tun, hat weder etwas mit dem untätigen Leben des Einsiedlers noch gar mit dem Müßiggang des Prassers zu tun. *Wu wei* bedeutet, sich in das *Tao* zu versenken, welches zu jener Einsicht führt, daß jedes Eingreifen in den natürlichen Lauf der Dinge notwendigerweise stört. Nur wer dies erkannt hat, kann die Weisheit finden und dann auch den Staat leiten. *Wu wei* ist nicht nur Prinzip mystischer Erkenntnis, sondern auch Grundsatz der Sozial- und Staatslehre: „Wessen Regierung sich nicht viel zu schaffen macht,

dessen Volk gedeiht." „Darum hat ein vollendeter Weiser gesagt: ‚Ich mache nichts, so wird das Volk von selbst anders; ich verhalte mich am liebsten ruhig, so fügt sich das Volk von selbst der Ordnung; ich mache keine Geschäfte, so wird das Volk von selbst wohlhabend; ich halte mich frei von Begehrlichkeit, so wird das Volk von selbst einfach.'"
Laotse entwickelte das Staatsideal eines Kleinstaates, der keinen Krieg führt, keine Beziehungen zu Nachbarvölkern pflegt, wirtschaftliches Wachstum ablehnt und vom mystischen Weisen nach dem Prinzip des *Wu wei* regiert wird.

### *4.2.3 Chuang-tzu (4. vorchristliches Jahrhundert)*

Viele Denker haben nach Laotse die Gedanken des Taoismus zu formulieren versucht. Einer der bedeutendsten war Chuang-tzu. Auch über sein Leben ist uns so gut wie nichts bekannt. Er soll Verwaltungsbeamter gewesen sein und in der zweiten Hälfte des vierten vorchristlichen Jahrhunderts gestorben sein. Sein Name ist mit dem Buch gleichen Namens verknüpft: „Chuang-tzu" oder „Das wahre Buch vom südlichen Blütenland", das von Richard Wilhelm im Jahre 1912 zum ersten Male ins Deutsche übersetzt wurde. Es besteht aus 33 Kapiteln, von denen aber nur die ersten sieben auf Chuang-tzu selbst zurückgehen. Das Wesen des Tao, die Idee des Absoluten, das Verhältnis des Mikrokosmos zum Makrokosmos, Gut und Böse, das absichtslose Handeln (Wu wei) werden in dichterisch gewaltiger Sprache in Gleichnissen und Parabeln dargestellt. Es wurde neben dem Tao-te-ching zu dem wichtigsten Werk des Taoismus.
Chuang-tzu erweitert die Lehre des Laotse und stellt sie auf eine breitere Basis. Für ihn ist alles, was über das *Tao* gesagt werden kann, nicht das *Tao*. Ohne Anfang und Ende, ohne Begrenzung, ohne gut oder böse zu sein, bleibt es unbestimmbar und unverfügbar. Es ist überall, in jedem Wesen und in jedem Ding. Alle Dinge müssen den ihnen vorgezeichneten Weg gehen; niemand sollte sie beeinflussen wollen, das würde nur stören und zerstören. Der Weise soll sich weder um die Dinge dieser Welt, noch um persönliche Bindungen, noch um die Tradition kümmern. Aufgabe des Weisen ist es, sein Leben so mit dem Rhythmus der Kräfte der Natur (in denen sich ja das Tao äußert) in Einklang zu bringen, daß er an ihrer Unsterblichkeit teilhat. So wird er endlich ein Teil der Natur; er geht in ihr auf, wird selbst *Tao*. Leben und Sterben sind Durchgangsstadien, wie Sommer und Winter im Jahreslauf.

## 4.3 Zur Geschichte des Taoismus

Mit Chuang-tzu hatte der philosophische Taoismus seinen Höhepunkt erreicht. Bereits zu Beginn der Han-Dynastie (206 v. Chr.–220 n. Chr.) wurde er durch den volkstümlichen religiösen Taoismus abgelöst, der von nun an zusammen mit dem Buddhismus und Konfuzianismus das chinesische Geistesleben bestimmen sollte. Während Taoismus und Konfuzianismus einander immer feind waren, durchdrangen sich Buddhismus und Taoismus gegenseitig. Der Taoismus übernahm vom Buddhismus die Organisation des Klosterwesens, den Tempelkult und die Verehrung von Götterbildern. Wie der Buddhismus bildete er lokale Gemeinden. Der Buddhismus hingegen führte die magischen Praktiken des Taoismus ein.

Während die Han-Dynastie den Konfuzianismus als Staatsreligion einführte und damit dem Taoismus nur eine inoffizielle Rolle am kaiserlichen Hofe zufiel, begann der Aufstieg des Taoismus nach dem Ende der Han-Dynastie im 3. Jahrhundert; in der Tang-Zeit (618–907) erreichte er seinen Höhepunkt. Der Begründer der Tang-Dynastie behauptete sogar, von Laotse abzustammen. Der Taoismus betrachtete nun den Kaiser als den vorbildlichen Weisen. Der Himmelsmeister wurde der geistliche Lehrer und politische Berater des Kaisers. Dem Einfluß am Hofe entsprach auch die Verbreitung des Taoismus in Asien. Bereits im 7. Jahrhundert war er mit dem nestorianischen Christentum und dem Manichäismus in Berührung gekommen. Das Tao-te-ching gelangte nach Tibet und – in einer Sanskritübersetzung – nach Kaschmir. Andere Texte gelangten zur selben Zeit nach Japan.
Mit dem Ende der Tang-Dynastie begannen für China Jahrhunderte, in denen sich das Land gegen die Mongolen und andere Feinde wehren mußte. Dies schmälerte die Bedeutung des Taoismus. Nach einer nur kurzen Blüte im 12. Jahrhundert wurde wieder der Konfuzianismus Staatsreligion. Buddhismus und Taoismus waren nur noch bei dem einfachen Volke lebendig.

## 4.4 Der Taoismus als Volksreligion

### *4.4.1 Der Gedanke der Unsterblichkeit und der Entsprechung von Makrokosmos und Mikrokosmos*

Der philosophische Taoismus eines Laotse und Chuang-tzu hatte auf die breite Masse nie Eindruck hinterlassen. Der Taoismus des Volkes, der sogenannte religiöse Taoismus, war eine abenteuerliche Mischung animistischer, schamanistischer (Wu), philosophisch-taoistischer und buddhistischer Elemente. Der wahre vollkommene Mensch Laotses und Chuang-tzu's wird mit dem zügellosen Wunsch, Unsterblichkeit zu erreichen, verschmolzen. Das Wesen des vollkommenen Menschen besteht in einem langen Leben, ja in seiner Unsterblichkeit, die man mit Hilfe allerlei Techniken zu erreichen trachtete.
Der Gedanke, daß sich Mikrokosmos und Makrokosmos entsprechen, begann alle anderen Vorstellungen des philosophischen Taoismus zu überwuchern: Der menschliche Körper galt als Abbild des Weltenplanes. Es entstand eine Flut von Literatur darüber, wie und wo sich das Universum im Körper widerspiegelte. Man meinte zum Beispiel, das Blut im Körper fließe deshalb, weil in der Natur die Flüsse Wasser führten, oder: der Körper besitze 360 Gelenke, weil das religiöse Jahr 360 Tage umfaßte. Im menschlichen Körper seien in geistiger Form dieselben Götter vorhanden wie im Universum.
Man nahm viele Arten von unsterblichen Wesen an. Die obersten sind die, die als Lichtwesen in den Himmel eingegangen sind. Andere leben in irdischen Paradiesen auf heiligen Bergen oder Inseln, ohne älter zu werden. Sie erscheinen später in Menschengestalt, um würdigen Schülern ihre Formeln der Unsterblichkeit und ihre magischen Kräfte zu übermitteln. Niedrigere Unsterbliche erreichen das Paradies erst nach einem Scheintod.

Ein Trauergefolge auf Taiwan begleitet den Toten vom Sterbehaus zum Friedhof, im Vordergrund taoistische Priester in Rikschas. Die Sitte der Blumenkränze haben die Chinesen vom Westen übernommen.

## *4.4.2 Techniken zur Erlangung der Unsterblichkeit*

*Welche Techniken werden angewandt, um die Unsterblichkeit oder doch zumindest ein langes Leben zu erreichen?*

*a) Hygienische Maßnahmen.* Nur wer genau weiß, wie sich Außen- und Innenwelt entsprechen, vermag seine Lebenskraft zu vermehren. Die fünf inneren Organe entsprechen fünf Elementen: die Lunge dem Metall, das Herz dem Feuer, die Milz der Erde, die Leber dem Holz, die Nieren dem Wasser. Der Austausch (Zusammenhang) der fünf Organe mit ihren Elementen geschieht durch die Körperöffnungen: die Nase für die Lungen, die Ohren für das Herz, den Mund für die Milz, den Augen für die Leber und den Geschlechtsorganen und dem After für die Nieren. Durch diese Körperöffnungen können die Lebenskräfte eintreten und entweichen. Nur wem es gelingt, das Gleichgewicht der Kräfte zu erhalten, bleibt gesund. Nahrung und Heilkräuter enthalten Lebensenergie in besserer oder minderer Qualität und Zusammensetzung. Wer kein Getreide (Weizen, Hirse und Reis) ißt, kann die drei bösen Geister, die in jedem hausen, aushungern. Gymnastische Übungen dienen dazu, die Lebensenergie im Körper gleichmäßig zu verteilen.

*b) Atemtechniken und Meditation.* Nach taoistischem Glauben atmet man nicht nur gewöhnliche Luft durch die Kehle ein, sondern mit seinem ganzen Körper unsichtbare Kräfte, die von Sonne, Mond und Sternen stammen. Man nimmt in sich auch die Energien der fünf Himmelsrichtungen auf: den grünen Kraftfluß des Ostens in die Leber, den roten des Südens in das Herz u.s.w. Die Einwirkung der Sonnenenergie in der Mittagszeit gilt als Höhepunkt des Yang, die Strahlung des Vollmondes zur Mitternacht als Höhepunkt des Yin. Man glaubte sogar, daß man die Unsterblichkeit erreichen könnte, wenn es einem gelänge, seinen Atem für tausend Atemzüge anzuhalten.

*c) Sexuelle Techniken.* Ausgefeilte sexuelle Techniken sollten ebenfalls dazu dienen, dem Einzelnen Lebenskraft, langes Leben und zugleich die heiß ersehnten männlichen Nachkommen zu schenken. Die Methode besteht im wesentlichen darin, während des Geschlechtsverkehrs den Samen zurückzuhalten; man glaubt, auf diese Weise dem Gehirn Energien zuzuführen. Die Spermien gelten als kräftige Mischung aller physikalischen Energien. Wenn man das Sperma während des Aktes zurückhielt, konnte es – wie der Atem – den ganzen Körper durchfluten und ihn stärken. Der Mann sollte während des Geschlechtsverkehrs soviel wie möglich vom Yin (Scheidenflüssigkeit) der Frau in sich aufnehmen, die Frau soviel wie möglich vom Yang des Mannes. Dazu war es von Vorteil, mit möglichst vielen Partnern sexuell zu verkehren.

*d) Alchemistische Techniken.* Alle bisher aufgeführten Techniken konnten nur die Lebensdauer verlängern; die gewonnene Zeit wollte man dazu benutzen, um das Elixier der Unsterblichkeit zu finden, das man sich aus Zinnober und Gold zusammengesetzt vorstellte. Daß man die Gewinnung dieses Lebenselixiers mit Zinnober in Verbindung brachte, beruht auf einem Mißverständnis: Die Kunst der Gewinnung des Lebenselixieres heißt im Chinesischen Lien-tan-shu. Das Verb Lien bedeutet „herstellen, herausbilden"; das Substantiv Tan bedeutet „Medikament, Pille", im allgemein übertragenen Sinne: „Kern, Essenz, Energie für die Gesundheit, gesundes Leben". Shu bedeutet Methode. Da aber das Wort Tan als Kompositum mit dem Wort Sha (= Sand), Tan-sha, verbunden, Zinnober bedeutet, wurde die Herstellung des Lebenselixiers irrtümlicherweise mit der Zinnobergewinnung in Verbindung gebracht (nach einer Information von Herrn Dr. Wen-tien Wang, Ostasienabteilung der Staatsbibliothek Preußischer Kulturbesitz in Berlin). Zinnoberrot ist die heilige Farbe des Taoismus. Rot, dem Yang zugehörig, bedeutet Veränderung, Verwandlung, Gold dagegen Unzerstörbarkeit.
Fasten, körperliche und seelische Läuterung sowie Opfer an die Götter gingen den Versuchen voraus. Heilige Orte (z.B. Berge) und günstige Zeiten waren Vorbedingungen.

*e) Magische Techniken.* Um Dämonen abzuwehren und mit den Unsterblichen verkehren zu können, benutzte man magische Formeln, Gesten, Talismane und Spiegel. Um Kranke zu heilen, verbrannte man auf Papier geschriebene magische Formeln und schluckte die Asche. Einflüsse des Tantrismus sind wahrscheinlich.

## 4.5 Die taoistische Religionsgemeinschaft heute

### *4.5.1 Die Priester*

Von der Zeitenwende an bildeten sich in den Dörfern Chinas taoistische Gemeinden, deren Gründer der Legende nach der Schamane Chang Tao-ling (1. Jahrhundert n. Chr.) gewesen sein soll. Seine Nachfolger nannten sich „Himmelsmeister" oder „Wahrhaftige Menschen". Sie leiten bis heute die taoistische Glaubensgemeinschaft und vererbten sie in der Regel auf ihre Söhne. Schon zur Zeit Chang Tao-ling's bildete sich eine hierarchisch gegliederte Priesterschaft aus. Als Geisterbeschwörer behandeln sie Kranke, und als Priester leiten sie in ihrer schwarzen Amtstracht die Tempelgottesdienste. Meist sind sie verheiratet, leben in Gemeinschaft; ihr Amt ist erblich. In neuerer Zeit leben die taoistischen Priester nicht mehr unbedingt in Gemeinschaft, sondern leiten – wie ein Gemeindepfarrer der christlichen Kirchen – ihre Gemeinde.

### *4.5.2 Die Mönche*

Neben dem Weltklerus entwickelte sich schon sehr früh ein taoistisches Mönchtum, das in seiner Organisation vom Buddhismus beeinflußt ist. Die Klöster unterstehen nicht der Autorität des Himmelsmeisters, sondern sind selbständig. Nur wer Mönch wird, kann nach taoistischer Lehre ungestört meditieren und nach einem langen Leben trachten. Die Mönche dürfen nicht verheiratet sein. Sie müssen zwölf besondere Gebote einhalten: niemandem Gewalt antun, auf Fleisch und Alkohol verzichten, niemanden belügen oder verleumden, nicht fluchen, keusch bleiben, niemanden bestehlen, keine politischen Diskussionen führen, keine Orakeldeutung betreiben, okkulte Praktiken unterlassen und nicht zaubern. Durch diese Gebote grenzen sich die Mönche gegenüber den Tao-Meistern (Weltklerus) und dem Volkstaoismus ab. Ihre Ethik gleicht eher der christlichen und buddhistischen als der volkstaoistischen.

### *4.5.3 Die Ethik*

Die allgemein taoistische Ehtik dagegen ist eine ausgesprochen gesetzliche Ethik, die sich mit der des Judentums zur Zeit Jesu vergleichen läßt. Ihre Moralvorstellungen beruhen auf den Anweisungen des Tao-te-ching und zielen auf ein glückliches, langes Leben. Wer gegen die Moral verstößt, muß dies mit Krankheit und Unglück büßen. Wer krank wird oder ins Unglück gerät, hat schlimme Verfehlungen begangen, z.B. Trunkenheit, Ausschweifungen oder Diebstahl, Essensvorschriften. Es gibt Beichte und Sühne, die die notwendigen Verdienste garantieren, um nach dem Tode ins Paradies aufgenommen zu werden.

### *4.5.4 Die Götter*

Die taoistischen Götter beherrschen nicht die Welt, vielmehr verwalten und kontrollieren sie Mikrokosmos und Makrokosmos. Jeder Gott hat ganz bestimmte Aufgaben. An ihrer Spitze steht eine Dreiheit von Obergöttern (vermutlich ist diese „Dreieinigkeit" vom nestorianischen Christentum her beeinflußt): Der allerhöchste himmlische Herrscher seiner Jademajestät, der über die Gegenwart

herrscht; der himmlische Herrscher des Goldenen Tores und der Jade-Morgenröte, der über die Zukunft gebietet und Meister Laotse. Diese Götter sind irdische Erscheinungsformen des Tao.
Eine andere Gruppe von Göttern, die in Kunst, Literatur und Volksglauben viel bedeuten, sind die acht Heiligen der Sung-Zeit (960–1279). Man nennt sie die acht Unsterblichen, Pa-hsien. Einer dieser acht Unsterblichen, der Gott der Schamanen namens Li, wird oft als gebrechlicher Bettler dargestellt. Ein anderer dieser acht Götter, Lü Tung-pin, der „Gast der Grotten", schützt aufgrund seiner feinsinnigen Gelehrsamkeit die heiligen Schriften des Taoismus.

### *4.5.5 Der Kanon*

Bereits seit dem 5. Jahrhundert n. Chr. gibt es einen Kanon heiliger Schriften. Sein Begründer Lu Hsiu-ching (406–477) zählt 1.228 Schriften auf, von denen sich aber noch 138 im Himmel befinden und den Menschen nicht zugänglich sind.

### *4.5.6 Die Riten*

Der wichtigste Ritus des heutigen Taoismus ist Chiao. Hier begegnen die Götter der taoistischen Gemeinde und spenden ihr ihre Kraft. In der Regel wird das Chiao alle drei Jahre gefeiert; das Fest dauert drei bis sieben Tage. Vorher renoviert man den Dorftempel. Gleichzeitig werden bei dieser Feier auch die Priester in ihr Amt eingeführt; man überreicht ihnen die taoistischen Schriften.
Weitere Anlässe, Feste zu feiern, sind die Geburtstage der Götter, aber auch die Abwehr drohenden Unglücks. Die heiligen Handlungen finden zunächst nach strengem liturgischen Ritual im Tempel statt; daran schließt sich auf dem Dorfplatz der Tanz aller an.
In jedem Tempel befindet sich ein Gefäß, das Weihrauch verbrennt; ohne Weihrauch kann kein Gottesdienst stattfinden. Weihrauch und fünf Eimer Reis heiligen den Tempel; sie spiegeln das Universum. Daneben spielen noch viele andere rituelle Gegenstände eine Rolle: Weihwasser, Fahnen, Schwerter, heilige Schriften, Masken, Musikinstrumente.

### *4.5.7 Der Einfluß des Taoismus auf die chinesische Kultur*

Der Einfluß des Taoismus auf die chinesische Kultur und Wissenschaft kann nicht hoch genug veranschlagt werden. Der Taoismus pflegte Chemie, Pharmakologie, Botanik, Zoologie und Mineralogie. Auch Kunst und Literatur blühten auf; der Taoist trachtete danach, gerade auf diesen Gebieten den Lebensrhythmus des Tao zu erspüren.
Im Gegensatz dazu waren der Einfluß des Buddhismus und des Konfuzianismus auf das wissenschaftliche und kulturelle Leben Chinas erheblich geringer.

## 4.6 Quellen

### *4.6.1 Laotse: Das Wesen des Tao/Vom Leben des Volkes*

*A) Das Tao ist die Grundlage allen Seins*

Der Himmel erlangte das Eine und wurde rein.
Die Erde erlangte das Eine und wurde fest.
Die Götter erlangten das Eine und wurden mächtig.
Das Tal erlangte das Eine und erfüllte sich.
Alle Dinge erlangten das Eine und entstanden.
Könige und Fürsten erlangten das Eine
und wurden das Vorbild der Welt.
Das alles ist durch das Eine bewirkt.
Wäre der Himmel nicht rein dadurch, so müßte er bersten.
Wäre die Erde nicht fest dadurch, so müßte sie wanken.
Wären die Götter nicht mächtig dadurch,
so müßten sie erstarren.
Wäre das Tal nicht erfüllt dadurch,
so müßte es sich erschöpfen.
Wären alle Dinge nicht erstanden dadurch,
so müßten sie erlöschen.
Wären die Könige und Fürsten nicht erhaben dadurch,
so müßten sie stürzen.

Darum: Das Edle hat das Geringe zur Wurzel.
Das Hohe hat das Niedrige zur Grundlage.

Also auch die Fürsten und Könige:
Sie nennen sich: „Einsam", „Verwaist", „Wenigkeit".
Dadurch bezeichnen sie das Geringe als ihre Wurzel.
Oder ist es nicht so?

Denn: Ohne die einzelnen Bestandteile eines Wagens
gibt es keinen Wagen.
Wünsche nicht das glänzende Gleißen des Juwels,
sondern die rohe Rauheit des Steins.

Rückkehr ist die Bewegung des SINNS.
Schwachheit ist die Wirkung des SINNS.
Alle Dinge unter dem Himmel entstehen im Sein.
Das Sein entsteht im Nichtsein.

Aus dem Tao-te-ching, Kap. 39 und 40. Zit. nach: Laotse, Tao te king, Diederichs, Düsseldorf 1957, 1972, S. 82/3.

*B) Was ist das Tao?*

Das Tao, kann es ausgesprochen werden, ist nicht das ewige Tao;
Der Name, kann er genannt werden, ist nicht der ewige Name.
Das Namenlose ist Himmels und der Erde Urgrund;
Das Namen-Habende ist aller Wesen Mutter.
Darum: Wer stets begierdelos, der schauet seine Geistigkeit,
Wer stets Begierden hat, der schauet seine Außenseite (äußere Form).
Diese beiden (die Geistigkeit und die äußere Form) sind desselben Ursprungs;
(Aber) sie haben verschiedene Namen.
Beide heißen sie tief,
Des Tiefen abermals Tiefes, aller Geistigkeit Pforte.
Ehe Himmel und Erde entstanden, gab es ein Wesen, unbegreiflich vollkommen:
So still, so übersinnlich! Allein steht es und wandelt sich nicht;
Durch alles geht es und gefährdet sich nicht.
Man darf es ansehen als der Welt Mutter.
Ich kenne seinen Namen nicht und nenne es Tao.
Bemüht, ihm einen Namen zu geben, nenne ich es „Groß";
Als „Groß" nenne ich's fortgehend.
Als fortgehend nenne ich's entfernt,
Als entfernt nenne ich's zurückkehrend.
Denn: Tao ist groß, der Himmel ist groß, die Erde ist groß,
Der König ist auch groß.
Dies sind die vier Großen in der Welt,
Und der König ist deren Einer.
Des Menschen Richtmaß ist die Erde; der Erde Richtmaß ist der Himmel.
Des Himmels Richtmaß ist Tao; Tao's Richtmaß ist sein Selbst.

Meine Worte sind sehr leicht zu verstehen und sehr leicht zu befolgen.
Jedoch keiner in der Welt vermag sie zu verstehen, keiner vermag sie zu befolgen.
Worte haben einen Urheber; Taten haben einen Gebieter.
Allein weil diese nicht verstanden werden,
Darum werde ich nicht verstanden.
Die mich verstehen, sind nur wenige; demgemäß werd' ich geschätzt.
Darum der Heilige sich kleidet in Wolle und birgt die Juwelen im Busen.

Aus dem Tao-te-ching, Kap. 1, 25, 70. Zit. nach: Die großen Religionen der Welt, Droemer/Knaur, München 1958, S. 96.

*C) Vom Leben des Volkes*

Ein Land mag klein sein
und seine Bewohner wenig.
Geräte, die der Menschen Kraft vervielfältigen,
lasse man nicht gebrauchen.
Man lasse das Volk den Tod wichtig nehmen
und nicht in die Ferne reisen.
Ob auch Schiffe und Wagen vorhanden wären,
sei niemand, der darin fahre.
Ob auch Panzer und Waffen da wären,
sei niemand, der sie entfalte.
Man lasse das Volk wieder Stricke knoten
und sie gebrauchen statt der Schrift.
Mach süß seine Speise
und schön seine Kleidung,
friedlich seine Wohnung
und fröhlich seine Sitten.
Nachbarländer mögen in Sehweite liegen,
daß man den Ruf der Hähne und Hunde
gegenseitig hören kann:
und doch sollen die Leute im höchsten Alter sterben,
ohne hin und her gereist zu sein.

Aus dem Tao-te-ching, Kap. 80. Zit. nach: Laotse, Tao te king, Diederichs, Düsseldorf 1957, 1972, S. 123.

## 4.6.2 *Texte aus dem Chuang-tzu*

*A) Handeln und Nichthandeln*

Das Leben der Herrscher und Könige hat Himmel und Erde zum Vorbild, hat SINN und LEBEN zum Herren, hat das Nicht-Handeln zum Gesetz. Wer nicht handelt, dem steht die Welt zur Verfügung, und er hat Überfluß. Wer handelt, der steht der Welt zur Verfügung und hat Mangel. Darum haben die Männer des Altertums das Nicht-Handeln so hochgeschätzt. Die Herrschenden handeln nicht. Wenn nun die Untergebenen auch nicht handeln wollten, so würden die Untergebenen in ihrer Art gleich sein wie die Herrschenden. Dann wären sie keine Diener mehr. Die Untergebenen handeln. Wenn nun die Herrschenden auch handeln wollten, so wären sie in ihrem Sinn den Untergebenen gleich. Dann wären sie keine Herren mehr. Die Herrschenden sollten nicht handeln und die Welt zur Verfügung haben. Die Untergebenen sollen handeln und der Welt zur Verfügung stehen. Das ist ein unabänderliches Gesetz.
Also hielten es die Herrscher der Welt in alter Zeit. Ob auch ihr Wissen Himmel und Erde umspannte, sie äußerten selbst keinen Gedanken. Ob auch ihr Erkennen alle Gestaltung der Dinge unterschied, sie äußerten selbst kein Wort. Ob auch ihre

Fähigkeiten alles Land zu durchdringen vermochten, sie handelten selber nicht. Der Himmel gebiert nicht, und doch wandeln sich alle Geschöpfe; die Erde macht nichts wachsen, und doch werden alle Geschöpfe ernährt; die Herrscher und Könige handeln nicht, und doch sieht die Welt ihre Werke. So heißt es: Nichts ist göttlicher als der Himmel, nichts ist reicher als die Erde, nichts ist größer als der Herr. So heißt es: Der Herren und Könige LEBEN ist in Gemeinschaft mit Himmel und Erde. Das ist der SINN, der Himmel und Erde gebraucht, der alle Geschöpfe im Lauf erhält und die menschliche Gesellschaft in Dienst nimmt.

Aus dem Chuang-tzu, Buch 13. Zit. nach: Dschuang Dsi, Diederichs, Düsseldorf 1957/1972, S. 146.

*B. Von der Ordnung*

Die maßgebenden Grundsätze sind Sache des Herrn. Die Einzelheiten der Ausführung sind Sache des Dieners. Heere führen und Truppen bewegen sind Äußerlichkeiten im Volksleben. Lohn und Buße, Nutzen und Schaden und die Verhängung der körperlichen Strafen sind Äußerlichkeiten der Volksbelehrung. Riten und Gesetze, Rang und Stand und die Einzelheiten der Verhältnisse von Sache und Begriff sind Äußerlichkeiten der Ordnung des Staates. Der Klang von Glocken und Pauken, die Anordnung von Federbüschen und Pelzquasten sind Äußerlichkeiten der Musik. Die Trauerklage und die verschiedenen Trauergewänder sind Äußerlichkeiten der Trauer um einen Verstorbenen. Diese fünf Äußerlichkeiten bedürfen eingehender Verstandestätigkeit und reger Überlegung, damit sie in Gang kommen. Die Wissenschaft von diesen Äußerlichkeiten besaßen die Alten wohl, aber sie stellten sie nicht in den Vordergrund.
Erst kommt der Herrscher, dann der Diener; erst der Vater, dann der Sohn; erst der ältere Bruder, dann der jüngere; erst das Alter, dann die Jugend; erst der Mann, dann das Weib; erst der Gatte, dann die Gattin. Diese Reihenfolge der Rangstufen hat ihre unverrückbare Grundlage in den Verhältnissen von Himmel und Erde. Darum nimmt sie der berufene Heilige zum Vorbild. Die Ehrung des Himmels und die Niedrigkeit der Erde entspricht dem Rang ihrer Göttlichkeit. Daß Frühling und Sommer vorangehen und Herbst und Winter folgen, ist der Lauf der Jahreszeiten. Daß alle Geschöpfe sich bilden, keimen, sich entwickeln, Gestalt gewinnen und Blühen und Welken sich verdrängen, ist der Gang der Wandlungen in der Natur. Himmel und Erde sind höchst göttlich, und doch haben sie diese Reihenfolge der Rangstufen. Wieviel mehr ist das der Fall in den Ordnungen der Menschenwelt! Im Ahnentempel wird Ehre erwiesen nach dem Grad der Verwandtschaft, bei Hofe nach dem Rang, daheim nach dem Alter, bei der Arbeit nach der Tüchtigkeit; das ist des großen Sinnes Ordnung. Will man vom Sinne reden und tadelt diese Ordnung, so tadelt man den Sinn. Will man vom Sinne reden und tadelt doch den Sinn, so ist das Wider-Sinn.

Aus dem Chuang-tzu, Buch 13. Zit. nach: Dschuang Dsi, Diederichs, Düsseldorf 1957/1972, S. 147–148.

Die Zeit der Herbstfluten war gekommen, Hunderte von Wildbächen ergossen sich in den gelben Fluß. Trübe wälzte sich der angeschwollene Strom zwischen seinen beiden Ufern, so daß man von der einen Seite zur anderen nicht mehr einen Ochsen von einem Pferd unterscheiden konnte. Darüber wurde der Flußgott hochgemut und freute sich und hatte das Gefühl, daß alle Schönheit auf der Welt ihm zu Gebote stehe. Er fuhr auf dem Strome hinab und kam zum Nordmeer. Da wandte er das Gesicht nach Osten und hielt Ausschau. Aber er entdeckte nicht das Ende des Wassers. Darüber drehte der Flußgott sich um, blickte auf zum Meergott und sagte seufzend: „Was da im Sprichwort steht: Wer hundert Wege kennt, hält sich für unvergleichlich klug, das trifft auf mich zu. Wohl habe ich schon Leute getroffen, die von menschlicher Größe nicht viel wissen wollten, aber ich habe ihnen nie recht geglaubt. Erst bei Euch jetzt sehe ich, was wirkliche Größe und Unerschöpflichkeit ist. Wäre ich nicht vor Eure Tür gekommen, so wäre ich in Gefahr, dauernd verlacht zu werden von den Meistern der großen Auskunft."

Der Gott des Nordmeers Jo sprach: „Mit einem Brunnenfrosch kann man nicht über das Meer reden, er ist beschränkt auf sein Loch. Mit einem Sommervogel kann man nicht über das Eis reden, er ist begrenzt durch seine Zeit. Mit einem Fachmann kann man nicht vom LEBEN reden, er ist gebunden durch seine Lehre. Heute bist du über deine Grenzen hinausgekommen, du hast das große Meer erblickt und erkennst deine Ärmlichkeit: so wird man mit dir von der großen Ordnung reden können. Von allen Wassern auf Erden gibt es kein größeres als das Meer. Alle Ströme ergießen sich darein, kein Mensch weiß wie lange, und doch nimmt es nicht zu. An der Sinterklippe verdunstet es, kein Mensch weiß wie lange, und doch nimmt es nicht ab. Frühling und Herbst verändern es nicht; Fluten und Dürre kennt es nicht. Darin besteht seine unermeßliche Überlegenheit über Flüsse und Ströme. Und dennoch halte ich mich nicht selbst für groß. Das kommt daher, daß ich das Verhältnis kenne, in dem meine Gestalt zu Himmel und Erde steht, daß ich meine Kraft empfange von den Urmächten des Lichten und Trüben. Ich bin inmitten von Himmel und Erde nur wie ein Steinchen oder ein Bäumchen auf einem großen Berg, das in seiner Kleinheit nur eben sichtbar ist. Wie sollte ich mich da selber für groß halten? Denkst du etwa, daß die vier Meere inmitten von Himmel und Erde nicht nur einer kleinen Erhöhung oder Vertiefung in dem großen Urmeer entsprechen? Um die Zahl aller Dinge zu bezeichnen, redet man von Zehntausenden, und der Mensch ist nur eben einer davon. Von all den vielen Menschen, die die neun Erdteile bewohnen, sich von Körnerspeise nähren und zu Schiff und Wagen miteinander verkehren, ist der Einzelmensch nur Einer. Wenn man ihn also vergleicht mit den Myriaden von Wesen, ist er da nicht wie die Spitze eines Härchens am Leibe eines Pferdes? Und nun ist alles, was die großen Männer der Weltgeschichte bewegt und bekümmert hat, nichts weiter als diese Dinge. Daß diese Leute sich selbst für so groß halten, darin gleichen sie dir, wie du soeben dein Wasser noch für das größte gehalten hast."

Aus dem Chuang-tzu, Buch 17. Zit. nach: Dschuang-Dsi, Diederichs, Düsseldorf 1957/1972, S. 179–180.

*D. Groß und Klein*

Der Flußgott sprach: „Geht es dann an, wenn ich Himmel und Erde als groß und die Spitze eines Haars als klein bezeichne?“
Jo vom Nordmeer sprach: „Nein, innerhalb der Welt der wirklichen Dinge gibt es keine begrenzten Maßstäbe, gibt es keine ruhende Zeit, gibt es keine dauernden Zustände, gibt es kein Festhalten von Ende und Anfang. Wer daher höchste Weisheit besitzt, der überschaut in der gleichen Weise das Ferne und das Nahe, so daß das Kleine für ihn nicht gering und das Große nicht wichtig erscheint; denn er erkennt, daß es keine festbegrenzten Maßstäbe gibt. Er durchdringt mit seinem Blick Vergangenheit und Gegenwart, so daß er dem Vergangenen nicht nachtrauert und ohne Ungeduld die Gegenwart genießt; denn er erkennt, daß es keine ruhende Zeit gibt. Er hat erforscht den ständigen Wechsel von Steigen und Fallen, so daß er sich nicht freut, wenn er gewinnt, noch trauert, wenn er verliert; denn er erkennt, daß es keine dauernden Zustände gibt. Er ist im klaren über den ebenen Pfad, so daß er nicht glücklich ist über seine Geburt noch unglücklich über seinen Tod; denn er erkennt, daß Ende und Anfang sich nicht festhalten lassen.
Wenn man bedenkt, daß das, was der Mensch weiß, nicht dem gleichkommt, was er nicht weiß; daß die Zeit seines Lebens nicht gleichkommt der Zeit, da er noch nicht lebte: so ist klar, daß, wer mit jenen kleinen Mitteln zu erschöpfen trachtet diese ungeheuren Gebiete, notwendig in Irrtum gerät und nicht zu sich selbst zu kommen vermag. Betrachte ich die Dinge von hier aus, woher will ich dann wissen, daß die Spitze eines Haares klein genug ist, um letzte Kleinheit durch sie zu bestimmen? Woher will ich wissen, daß Himmel und Erde groß genug sind, um letzte Größe dadurch zu bestimmen?“

Aus dem Chuang-tzu, Buch 17. Zit. nach: Dschuang-Dsi, Diederichs, Düsseldorf 1957/1972, S. 181.

*E. Gespräch mit einem Totenschädel*

Chuang-tzu stieß eines Tages auf einen Totenschädel, der gebleicht war, aber seine Gestalt noch bewahrte. Er streifte ihn mit seiner Reitgerte und sagte: „Warst du wohl einst ein Ehrgeiziger, dessen ungeregelte Wünsche ihn in diese Lage gebracht haben? Ein Staatsmann, der sein Land in Verderben stürzte und mit dem Beil hingerichtet wurde? Ein Wicht, der seinem Geschlecht ein Erbe der Schande hinterließ? Ein Bettler, der in der Pein des Hungers und der Kälte starb? Oder hast du diesen Zustand im natürlichen Laufe des Alters erreicht?“
Nachdem er zu Ende gesprochen hatte, nahm er den Schädel mit und legte ihn, als er schlafen ging, als Kissen unter seinen Kopf. In der Nacht träumte er, der Schädel erscheine ihm und sage: „Du setzt deine Worte geschickt, Herr; aber sie sind alle nur in der Lebenszeit und in den Wirrsalen der Lebendigen gegründet. Im Tode ist nichts von alledem. Willst du vom Tode hören?“
„Ich will es“, antwortete Chuang-tzu.
Der Schädel sprach: „Im Tode ist kein Oberherr und kein Untertan. Die Wirkungen der Zeiten sind unbekannt. Unser geschlichtetes Sein ist das Sein von Himmel und Erde. Die Seligkeit des Fürsten unter den Menschen ist nichts vor unserer Seligkeit.“

Chuang-tzu glaubte ihm aber nicht und sagte: „Wenn ich den Herrn des Schicksals bewöge, daß er deinem Leibe gestatte, wieder geboren zu werden, und dein Gebein und Fleisch erneue, damit du zurückkehrest zu deinen Eltern, zu Weib und Kind, zu Freunden und Vertrauten – wärest du nicht willig?"
Darauf öffnete der Schädel seine Augen weit und runzelte seine Brauen und sprach: „Wie sollte ich mein königliches Glück verwerfen und in die Mühsal des Menschenloses tauchen?"

Aus dem Chuang-tzu, Buch 18. Zit. nach: G. Mensching, Die Söhne Gottes, Löwit, Wiesbaden o.J., S. 138.

*F. Das wahre Glück*

Gibt es auf Erden überhaupt ein höchstes Glück, oder gibt es keines? Gibt es einen Weg, sein Leben zu wahren, oder gibt es keinen? Was soll man tun, woran soll man sich halten? Was soll man meiden, wo soll man bleiben? Wem soll man sich zuwenden, wovon soll man sich abwenden? Worüber soll man glücklich sein, was als Unglück betrachten? Was man auf Erden hochzuhalten pflegt, ist Reichtum, Ehre, langes Leben, Tüchtigkeit. Was man für Glück zu halten pflegt, ist ein gesunder Leib, Genüsse der Nahrung, schöne Kleider, Augenlust und die Welt der Töne. Was man für unwert hält, ist Armut, Niedrigkeit, früher Tod und Schlechtigkeit. Was man für Unglück hält, ist, wenn der Leib nicht sein Behagen findet, wenn der Mund nicht seine Genüsse findet, wenn man sich nicht in schöne Kleider hüllen kann, wenn man sich nicht ergötzen kann an schönen Farben und der Welt der Töne. So härmen die, denen diese Dinge nicht zuteil werden, sich mit viel Kummer und Furcht ab. In ihrer Sorge für das Leben sind sie zu Toren geworden. (Aber auch denen, die das Glück besitzen, geht es nicht besser.) Die Reichen mühen sich ab in harter Arbeit und sammeln viele Schätze, die sie doch nicht aufbrauchen können. In ihrer Sorge für das Leben haben sie sich an die Außenwelt verloren. Die Vornehmen fügen die Nacht zum Tag, um darüber nachzudenken, was sie fördert oder hindert. In ihrer Sorge für das Leben werden sie sich selber fremd. Bei der Geburt des Menschen wird das Leid zugleich geboren. Erreicht daher einer ein hohes Alter, so wird er nur stumpf und schwachsinnig, und sein langes Leid stirbt nicht. Was ist das für eine Bitternis! In seiner Sorge um sein Leben bleibt er doch fern vom Ziel.
Helden gelten auf Erden für tüchtig, aber sie sind nicht imstande, ihr eigenes Leben zu wahren. Ich weiß nicht, ob diese ihre Tüchtigkeit in Wahrheit Tüchtigkeit ist, oder ob sie in Wahrheit Untüchtigkeit ist. Will man sie als tüchtig bezeichnen, so steht dem entgegen, daß sie nicht imstande sind, ihr eigenes Leben zu wahren; will man sie andererseits als untüchtig bezeichnen, so steht dem entgegen, daß sie imstande sind, anderer Menschen Leben zu wahren. Darum heißt es: Bleibt treue Warnung ungehört, so sitze still und laß den Dingen ihren Lauf, ohne zu streiten; denn schon mancher hat durch Streiten sich ums Leben gebracht. Streitet man jedoch nicht, so macht man sich auch keinen Namen. So bleibt es bei der Frage: gibt es in Wahrheit Tüchtigkeit oder nicht?
Nun weiß ich nicht, ob das, was die Welt tut, was sie für Glück hält, tatsächlich Glück ist oder nicht. Wenn ich das betrachte, was die Welt für Glück hält, so sehe ich wohl, wie die Menschen in Herden diesem Ziel nachstreben und ihr Leben in

die Schanze schlagen, als könnte es nicht anders sein, und alle sprechen, das sei das Glück. Aber Glück und Unglück liegt für mich noch nicht in diesen Dingen. (Was mir am Herzen liegt), das ist, ob es tatsächlich Glück gibt oder nicht. Ich halte das Nicht-Handeln für wahres Glück, also gerade das, was die Welt für die größte Bitternis hält. Darum heißt es: Höchstes Glück ist Abwesenheit des Glücks, höchster Ruhm ist Abwesenheit des Ruhms. Recht und Unrecht auf Erden lassen sich tatsächlich nicht bestimmen. Immerhin, durch Nicht-Handeln kann Recht und Unrecht bestimmt werden. Höchstes Glück und Wahrung des Lebens ist nur durch Nicht-Handeln zu erhoffen. Ich darf wohl noch weiter darüber reden. Der Himmel gelangt durch Nicht-Handeln zur Reinheit; die Erde gelangt durch Nicht-Handeln zur Festigkeit. Wenn so die beiden ihrem Nicht-Handeln sich einigen, so entsteht die Wandlung aller Geschöpfe. Unsichtbar, unfaßlich gehen sie aus dem Nicht-Sein hervor; unfaßlich, unsichtbar sind im Nicht-Sein die Ideen. Alle Geschöpfe in ihrer unerschöpflichen Fülle wachsen aus dem Nicht-Handeln hervor. Darum heißt es: Himmel und Erde verharren im Nicht-Tun, und nichts bleibt ungetan. Und unter den Menschen, wer vermag es, das Nicht-Tun zu erreichen?

Aus dem Chuang-tzu, Buch 18. Zit. nach: G. Mensching, Die Söhne Gottes, Löwit, Wiesbaden o.J., S. 138–139.

*G. Innerlichkeit*

Wessen innere Welt gelassen ist und fest, der entwickelt sich im Licht des Himmels. Wer sich entwickelt im Licht des Himmels, der bleibt nur in seinem äußeren Leben für die Menschen sichtbar. Die andern Menschen suchen sich zu bilden, aber er hat nun das Dauernde erreicht. Wer das Dauernde erreicht hat, von dem fällt das Menschliche ab, und das Himmlische hilft ihm. Von wem das Menschliche abfällt, der gehört zum Reich des Himmels; wem das Himmlische hilft, der heißt Sohn des Himmels.
Die aber durch das Lernen erreichen wollen, lernen an etwas, das sie nicht lernen können; die das ausüben wollen, bemühen sich um etwas, das sie nicht ausüben können; die das beweisen wollen, suchen etwas zu beweisen, das sich nicht beweisen läßt. Wer mit seinem Erkennen haltmacht vor dem, was man nicht erkennen kann, der hat's erreicht. Wer nicht dazu gelangt, der wird zunichte nach einer inneren Notwendigkeit.

Aus dem Chuang-tzu, Buch 23. Zit. nach: G. Mensching, Die Söhne Gottes, Löwit, Wiesbaden o.J., S. 139.

## *4.6.3 Texte von Lieh-tzu*

### *A. Vom Herrn der Gelben Erde*

Der Herr der gelben Erde saß auf dem Throne fünfzehn Jahre lang und freute sich darüber, daß die Welt ihm diente. Er pflegte seines Lebens, er genoß Schönheit und Wohlklang und erfreute sich an Speisen und Wohlgerüchen. Aber er ward bekümmert, also daß sein Fleisch verdorrte; er ward betrübt, also daß seine Gefühle sich verwirrten.

Abermals fünfzehn Jahre lang trauerte er, daß die Welt in Unordnung sei. Er strebte nach Einsicht und erschöpfte seine Weisheit und arbeitete am Volke. Aber er ward bekümmert, also daß sein Fleisch verdorrte; er ward betrübt, also daß seine Gefühle sich verwirrten.

Da atmete der Gelbe Herr tief und sprach seufzend: „Mein Fehler ist groß. Allein sein Selbst zu pflegen, bringt solches Leid, alle Welt zu ordnen, bringt solches Leid." Und so gab er auf seine tausend Gedanken, verließ die Schlafgemächer im Palast, entfernte die Diener, tat ab das Glocken- und Saitenspiel, verringerte die Speisen der Küche. Er zog sich zurück und wohnte in Muße in den Gemächern der großen Halle und sammelte sein Gemüt, daß er des Leibes wieder Meister würde. Drei Monate blieb er fern von den Geschäften der Regierung.

Da schlief er einmal bei Tage ein und hatte einen Traum. Er wandelte im Reiche der Hua Sü. Dieses Reich hat keine Herrscher: es geht alles von selber; das Volk hat keine Begierden: es geht alles von selber. Man weiß nichts von der Freude am Leben noch dem Abscheu vor dem Tod: darum gibt es keine Plagen des Himmels. Man weiß nichts vom Haften am Selbst noch von der Entfremdung von der Außenwelt: darum gibt es nicht Liebe noch Haß. Man weiß nichts von der Abkehr von Andersdenkenden noch von der Zukehr zu Gleichgesinnten: darum gibt es nicht Nutzen noch Schaden. Keiner hat eine Vorliebe, keiner hat eine Abneigung. Sie gehen ins Wasser und ertrinken nicht, sie gehen ins Feuer und verbrennen nicht, Schläge machen nicht Wunden noch Schmerz, Kratzen macht nicht Brennen noch Jucken. Sie steigen in die Luft, wie man auf festen Boden tritt, sie ruhen im leeren Raum, wie man auf einem Bette schläft. Wolken und Nebel umdüstern nicht den Blick. Donnerrollen betäubt nicht das Ohr. Schönheit und Häßlichkeit betören nicht das Herz. Berge und Täler behindern nicht den Schritt. In Kraft des Geistes wandeln sie.

Als der Gelbe Herr erwachte, wurde er verstehend und kam zu sich selbst. Er berief seine drei Minister Himmelgreis, Krafthirt und Denker vom großen Berg. Er redet also zu ihnen: „Ich lebte in Muße drei Monate lang und sammelte mein Gemüt, daß ich des Leibes wieder Meister würde, und dachte auf den Besitz des rechten SINNES zur Pflege des Ichs und zur Ordnung des Erdkreises. Aber ich fand nicht die rechte Art. Da ward ich müde und schlief ein. Was ich geträumt, war also. Nun weiß ich, daß der letzte SINN nicht durch leidenschaftliches Suchen zu finden ist. Ich weiß ihn jetzt, ich habe ihn jetzt, aber euch kann ich ihn nicht sagen." Und abermals vergingen 28 Jahre, und der Erdkreis war in guter Ordnung, fast wie das Reich der Hua Sü. Da ging der Herrscher zur Ruhe ein, und das Volk beweinte ihn 200 Jahre lang, ohne aufzuhören.

Aus dem Lieh-tzu II, 1. Zit. nach: Liä Dsi, Diederichs, Düsseldorf 1972, S. 47–48.

*B. Vom Götterberg im Norden*

Die Gu Schä Berge liegen auf einer Insel im Okeanos. Auf den Bergen wohnen selige Geister. Sie schlürfen den Wind und trinken den Tau und leben nicht von Brot und Korn. Ihr Herz ist abgrundtiefer Quelle gleich, ihr Leib jungfräulich. Sie wissen nichts von Zärtlichkeit und Liebe: Heilige und Weise sind bei ihnen Diener. Sie wissen nichts von Scheu und Zorn. Aufrichtige und Redliche sind bei ihnen Boten. Sie wissen nichts von Spenden und Gnade: und doch haben alle Wesen von selbst genug. Sie wissen nichts von Sammeln und Sparen: und doch gibt es von selbst keinen Mangel. Das Lichte und Trübe ist immer im Einklang; der Mond und die Sonne sind immer voll Klarheit; die Jahreszeiten sind immer milde; der Wind und der Regen sind immer gleichmäßig; die Pflege und Nahrung kommt immer zur Zeit; die Ernte des Jahres ist immer voll Segen. Und die Erde kennt nicht Seuche noch Krankheit, die Menschen kennen nicht vorzeitiges Sterben, die Wesen haben nicht Fehler noch Mängel, und die Geister regen sich nicht.

Aus dem Lieh-tzu II, 2. Zit. nach: Liä Dsi, Diederichs, Düsseldorf 1972, S. 49.

### *4.6.4 Die Methode des sexuellen Joga*

Ein paar Tage später lieferte mir der Abt eine allgemeine Schilderung einer wechselseitigen Übung des fortgeschrittenen Yoga, der für die puritanischen konfuzianischen Behörden so abschreckend war, daß sie die taoistischen Meister in größten Verruf brachten. Eine solche Verunglimpfung war kaum berechtigt, denn das Fehlen von Lust und strenge Zurückhaltung des Samens waren wesentlich für den Erfolg des Jogas. Der Zweck war, innerhalb des Körpers des Meisters eine goldfarbene Flüssigkeit auszuscheiden, aus der man das Elixier, das zu Langlebigkeit, Unsterblichkeit und mystischer Vereinigung mit dem Tao führte, gewinnen konnte. Wie es in Yü Yens berühmtem Kommentar über das *Ts'an-t'ung-tsch'i* heißt: „Bei jeder Paarung von Himmel und Erde ziehe die geheimen Quellen von *yin* und *yang* an dich, mit anderen Worten: Wenn ihr, du und dein Partner, zusammenkommt, vereint die beiden vitalen Säfte, und zieht sie in euren Körper."

„Die Übungen, die ich Sie gelehrt habe", begann der Abt, „genügen zuweilen, um die Vereinigung mit dem Tao herbeizuführen. Da aber niemand sicher sein kann, was nach dem Tod geschieht, ist es gut, nach Langlebigkeit zu streben, und wenn ein gewisser Grad von Unsterblichkeit gegeben ist, umso besser, da die Gelegenheit, die *Rückkehr zur Quelle* zu erreichen, verlängert wird.

Heute will ich Ihnen von dem Joga der wechselseitigen Übung erzählen, denn sie ist die Ursache dafür, daß wir zu Unrecht diffamiert werden. Die alchemistischen Lehrbücher, so das *Ts'an-t'ung-tsch'i*, das Ihr Freund Pien Tao-schi Ihnen gezeigt hat, werden oft auf drei Ebenen bezogen: erstens, die Umwandlung von Zinnober und Blei in das wunderwirkende Elixier der Unsterblichkeit; zweitens, die Herstellung einer goldenen Pille oder eines Fötus im Schmelztiegel des eigenen Körpers als ein Mittel, Alter und Tod zu überlisten; drittens, eine ähnliche Art innerer Alchemie, von einem Bestandteil abhängig, der aus der sexuellen Vereinigung gewonnen wird. Die zweite und dritte Ebene werden von den gleichen, im Tao wurzelnden Prinzipien beherrscht, die sich auf politische Tätigkeit, militärische Strategie und die Erlangung gelassener Ruhe durch ein Individuum beziehen, denn alle großen und kleinen Dinge vollziehen sich in Übereinstimmung mit der gleichen Folge von Mustern und Rhythmen. Unser geheimnisvolles klassisches Werk, das *I Ching (Buch der Wandlungen)*, steht fest auf dieser Grundlage. Die Zukunft, obwohl nicht festgelegt, läßt sich erkennen, indem man eine Folge von Ereignissen in Beziehung zu dem Zyklus setzt, zu dem sie gehört.

Die Methode, einen unsterblichen Fötus oder ein im Innern zusammengesetztes Elixier mit Hilfe sexueller Vereinigung zu schaffen, ist kein Grund zu frommem oder prüdem Entsetzen, denn niemand kann sich erfolgreich damit befassen, wenn nicht die Wollust aus seinem Geist verbannt wurde. Darüber hinaus wurde dieser Joga vom Gelben Kaiser eingeführt, der Belehrungen von den drei Unsterblichen Frauen erhielt, der Einfachen Jungfrau, der Geheimnisvollen Jungfrau und der Auserwählten Jungfrau. Wie es sich gehört, wurden alle derartigen Lehrbücher in einer Sprache geschrieben, die ihre Geheimnisse dem lediglich Neugierigen und Profanen nicht preisgibt. Dennoch hat ihre unzulässige Anwendung zu empörenden Verirrungen geführt, indem man zum Beispiel schwangeren Frauen giftige Substanzen eingegeben hat, die sie Fleischklumpen gebären lassen, aus denen man angeblich ein anregendes Stärkungsmittel für Männer gewinnen konnte. In meiner eigenen Provinz Schantung mußte die Regierung jahrhundertelang Strafexpeditionen gegen organisierte Gruppen von Leuten durchführen, die beschuldigt wurden, den Joga der wechselseitigen Übung zum Vorwand für wollüstiges Verhalten genommen zu haben. Doch mag diese Beschuldigung zumeist auf übler Nachrede beruht haben. So verbrannten sich zum Beispiel Anhänger von Tschang Tschi-tschung, die den sexuellen Joga Tag und Nacht begeistert übten, zu Hunderten, anstatt sich den Streitkräften der Regierung zu ergeben – ein solcher Exzeß deutet auf strenge Reinheit der Motive.

Bei der wechselseitigen Übung ist die wesentliche Voraussetzung die Bewahrung der sexuellen Säfte, die keineswegs verlorengehen dürfen. Ist der Meister ein Mann, so muß er sich einen weiblichen Partner mit bester Gesundheit suchen, eine Frau, der jedoch die Reize fehlen, die aller Wahrscheinlichkeit nach am ehesten Wollust oder übermäßige Zuneigung wecken. Während der Ausübung des Joga muß er wollüstige Gefühle in Schach halten, indem er das unterschiedslose Einssein des Tao betrachtet, und falls er sich nicht auf seine Fähigkeit verlassen kann, einen Erguß zurückzuhalten, darf er die Wurzel seines Organs mit einem Ring aus Elfenbein oder Jade einengen, der so fest sitzt, daß er die ganze Nacht hindurch den Joga praktizieren kann, ohne den Verlust seiner wertvollen Substanz befürchten zu müssen. Daß eine solche Vorrichtung zuweilen notwendig ist, widerlegt das alte Sprichwort, ein erfahrener Meister könne bei jedem Raub der *yin*-Flüssigkeit seiner Partnerin zwölf Jahre zu seiner Lebensspanne hinzufügen. Wäre dem so, wäre kaum eine nächtelange Betätigung erforderlich.

An nächster Stelle in der Bedeutung für strenge Bewahrung kommt die Fähigkeit, die Partnerin wiederholt ihre *yin*-Flüssigkeit verströmen zu lassen, sie in den eigenen Körper einzuziehen und sie in der *Kammer der Sechs Kombinationen* zu konzentrieren, wo der vermischte Saft, vereint mit Geist und *tsch'i* zu einer festen Masse wird, die man dazu bringen kann, zwischen den Nieren aufzusteigen, dabei zwei Bahnen parallel zur Wirbelsäule zu folgen und in dem *ni-wan*-Zentrum in der Nähe des Scheitelpunktes des Kopfes zur Ruhe zu kommen. Wie bei allen höheren Joga-Arten muß die Manipulation physischer Vorgänge von einer Manipulation des Bewußtseins begleitet sein.

Diese vermischte Essenz wird durch die gewaltige Kraft des Vorstellungsvermögens nach oben getrieben, unterstützt durch gewisse körperliche Bewegungen und den durch richtiges Atmen ausgeübten Druck. Manche Autoritäten sind der Meinung, indem sie auf die Erlangung der Unsterblichkeit durch den Gelben Kaiser hinweisen, der den vitalen Saft von nicht weniger als zwölfhundert Frauen in sich aufnahm, daß eine sehr häufige Paarung mit vielen Partnern die schnellste und

Taoistische Unsterbliche, die aus einem offenen Korb die Pfirsiche des langen Lebens anbietet. Sie sind zugleich Symbol des weiblichen Geschlechtsorgans mit seinen Säften. Frühes 19. Jh., Ch'ing-Dynastie, Porzellan, Höhe 47 cm.

wirksamste Methode darstellt. Aber das stimmt nicht, da die vitale Kraft der Frau, im Gegensatz zu der des Mannes, unerschöpflich ist. Wie Lao-tse sagt: „Der Geist des Tals stirbt nicht; er wird als das geheimnisvolle Weib bezeichnet, dessen Portal als das Fundament von Himmel und Erde gilt. Obwohl (seine Essenz), wenn bewahrt, sehr zarter Natur ist, kann sie doch durch Gebrauch nicht erschöpft werden."

Man sollte mit dieser Übung mit dem sechzehnten Lebsnsjahr beginnen, das wäre das Ideale, denn dann ist die eigene Vitalität völlig entwickelt und doch nicht ungeschwächt – falls man niemals zuvor einen Erguß hatte. Verlust des Samens zieht eine unvermeidliche Vergeudung von *yang-Kraft* nach sich, was sich jedoch durch geschicktes Aufnehmen der *yin-Kraft* in der eben geschilderten Weise wieder ausgleichen läßt. Was nun die Partnerin betrifft, gibt es ein Sprichwort: ‚Silber, das vierzehn Unzen wiegt, ist wünschenswert; es soll noch keinem Schmelzvorgang unterworfen worden sein.' Dies weist auf ein Mädchen von vierzehn Jahren hin, das bis dahin Jungfrau war. Mädchen von fünfzehn oder sechzehn würden sich sehr gut eignen, aber heutzutage lassen sie sich nicht leicht beschaffen, es sei denn durch Heirat, aber das ist für die ihrer Sache ergebenen Klosterbrüder eine Behinderung. Daher heißt es auch: ‚Für die wechselseitige Übung gibt es vier Voraussetzungen – Ort, Methode, finanzielle Mittel und Partner.' Wenn es sich bei dem Eingeweihten um eine Frau handelt, gilt alles bis jetzt Gesagte im umgekehrten Sinn, aber es ist unvermeidlich, daß sie viele Partner braucht, denn die männliche Essenz ist leicht erschöpft.

Drittens, in Abhandlungen über Alchemie wird die Verschmelzung von Bleiweiß und rotem Zinnober erklärt, um die goldene Pille hervorzubringen. Verfechter des sexuellen Joga deuten Bleiweiß als die *yang*-Flüssigkeit und roten Zinnober als die *yin*-Flüssigkeit. Die goldene Pille ist selbstverständlich nichts anderes als der unsterbliche Fötus, der aus ihrer Vermischung hervorgeht.

Überdies wird der sexuelle Akt auch metaphorisch mit der Vereinigung von Wasser mit Feuer verglichen. Die verschwenderische Verausgabung dieser Elemente wird als eine Hauptursache für frühen Tod betrachtet; wohingegen sie, wenn vernünftig vermischt, zu einer starken Lebenskraft werden. Eine derartige Alchemie war gewiß König Wen (1150 v. Chr.) vertraut, dessen Weisheit im Buch der Wandlungen niedergelegt ist, worin das dreiundsechzigste Hexagramm, unter der Bezeichnung *Tschi-Tschi* (Vollendung) bekannt und folgendermaßen geschrieben ䷾, aus dem Trigramm *K'an* ☵ besteht, das Wasser symbolisiert, über das Trigramm *Li* ☲ gesetzt, das Feuer bedeutet. Das erinnert an einen auf einen Herd gestellten Kessel und veranschaulicht daher eine alchemistische Verschmelzung.
Obwohl es im Altertum zahlreiche Beispiele von Menschen gegeben hat, die physische Unsterblichkeit und einen göttlichen Status in den oberen Bereichen mit Hilfe dieses alchemistischen Vorgangs erlangt haben, wurde er doch in den letzten Jahrhunderten vorwiegend als ein Mittel benutzt, um Manneskraft und Langlebigkeit zu fördern. Niemand, der mit den Tatsachen vertraut ist, kann seine Wirksamkeit anzweifeln, vorausgesetzt, daß die Anweisungen für den Joga streng befolgt werden. Dazu gehören auch solche Dinge wie die erforderliche geistige Konzentration, um die alchemistische Verschmelzung herbeizuführen: die Zeiten und Jahreszeiten, in denen man Joga eifrig betreiben oder völlig meiden soll; der Rhythmus 3–5–7–9 und die Vielfalt von Stößen (stark, schwach und kaum spürbar) des männlichen Partners zum Entfachen des sexuellen Feuers, ebenso wie viele andere mehr oder weniger geheime und schwer verständliche Dinge. Der Beweis für ihre Wirksamkeit liegt in der außergewöhnlichen Kraft und Vitalität des erfolgreichen Eingeweihten, die über viele Jahrzehnte hinweg unvermindert anhalten oder an Intensität sogar zunehmen. In meiner Heimatprovinz könnte ich Sie einem gutaussehenden Jüngling vorstellen, der an die siebzig oder achtzig Jahre alt ist. Dennoch, aus Angst, den keuschen Weg zu ewiger Glückseligkeit aufzugeben, wie er von Ihren buddhistischen Meistern gelehrt wird, kann ich Ihnen versichern, daß die gleichen Wirkungen auch am Körper von Klosterbrüdern festzustellen sind, die die Lehrbücher in dem Sinn deuten, daß der alchemistische Prozeß in die Wege geleitet und völlig innerhalb des eigenen Körpers vor sich gehen sollte, wozu man keinen Partner braucht. Darüber hinaus versichert der göttliche Ko Hung (etwa 300 n. Chr.?), daß der Gelbe Kaiser die Erlangung seiner Unsterblichkeit nicht allein den zwölfhundert Frauen verdankte, deren vitale Säfte für die Erzeugung der goldenen Pille benutzt wurden. Erst nachdem er die *Droge der Neun-Ingredienzien* destilliert und zu sich genommen hatte, stieg er auf einem Drachen reitend zum Himmel auf. Meister Ko Hung lehrte, daß eine kluge Verbindung mehrerer Methoden am besten sei. Sich allein auf die sexuelle Alchemie zu verlassen, würde seiner Meinung nach die Wahrscheinlichkeit eines Fehlschlags erhöhen.

J. Blofeld, Das Geheime und Erhabene, O. W. Barth/Scherz, Bern 1974, S. 159–164.

### *4.6.5 Der Taoismus in neuerer Zeit*

*Der Taoismus in neuerer und neuester Zeit*
In neuer Zeit wird Taoismus nur an wenigen Stätten ernsthaft betrieben. Dazu zählen ein paar Klöster auf dem Lao Shan (Shantung) und der bei Peking gelegene „Weiße-Wolke-Tempel" (*Pai-yün-kuan*), wo der Taoist Su Yün tao-jen (Liu Ch'eng-yin) 1886 eine schematische Darstellung taoistisch-buddhistischer Meditationstechniken in Stein schneiden und aufstellen ließ. Er war es, der damals die taoistisch-buddhistische Philosophie belebte. Nach dem Zusammenbruch des Kaiserreiches pflegte in Peking eine taoistische Studiengesellschaft (*Tao-te hsüeh-hui*) Joga-Übungen in Verbindung mit einer neu interpretierten klassischen Tao-Philosophie. Taoismus ist auch zu verspüren in den religiösen Vereinigungen der „Fünf Religionen" (*Taoismus, Konfuzianismus, Buddhismus, Islam, Christentum*) oder in den „Sieben Religionen", wobei das Christentum in Katholizismus und Protestantismus geteilt wird und das *Judentum* hinzukommt. In den 1920er Jahren entstand die zu den Fünf Religionen gehörende Sekte „Akademie des Weltgesetzes" (*Tao yüan*), deren oberster Gott Züge sowohl des *Huang-Lao-chün* als auch von Gottvater trägt. Die Sekte besteht heute noch als geistliche Komponente im Verband der gemeinsam oder individuell Meditationsübungen treibenden „Red Swastica Society" (*Hung-wan-tzu hui*), die Hauptsitze in Hongkong und Taipei unterhält. Von den ursprünglich 86 taoistischen Sekten aus dem chinesischen „Mittelalter" haben heute nur wenige noch Bedeutung: Die von Wang Chih (12. Jh.) gegründete „Sekte von der Bewahrung der vollkommenen menschlichen Natur" (*ch'üan-chen chiao*), ursprünglich asketisch und zölibatär, ist heute eine Form moderner Alchimie (*wai-tan*), welche die westliche allopathische Medizin wirkungsvoll einbezieht. Das Zentrum dieser Sekte befindet sich auf Taiwan. Ebenfalls auf Taiwan lebt die Sekte der „Verwirklichung der Einheit" (*ch'eng-i*) fort. Haupt dieser Sekte ist der jetzt in Taiwan residierende „Himmelsmeister", der als eine Art *princeps inter pares* von den Tao-Priestern (*tao-shih*) anerkannt wird. Der 63. Himmelsmeister starb 1970. Die Tao-Priester halten kein Zölibat ein; sie sind in der Regel Haushaltsvorstände und genießen ein weit höheres Sozialprestige als die Volkspriester.
Auf Taiwan gibt es heute angeblich 2800 taoistische Tempel, wobei sicherlich die Tempel und Tempelchen der Volksreligion mitgezählt worden sind. Im Jahre 1965 wurde die „Taoist Association of the Republic of China" als Nachfolgeorganisation der Taoistischen Studiengesellschaft begründet, deren Präsident Chao Chia-cho taoistische Unterweisungs-Sendungen für die VR China über den Rundfunk ausstrahlen läßt. Niederlassungen der Gesellschaft, die sich mit religiösen Aktivitäten verbinden, befinden sich in New York, San Francisco, auf den Philippinen und in Malaysia. Gelegentlich kommen ausländische Sympathisanten – angeblich bis aus Afrika – nach Taiwan, um in Tainan Priester zu werden.
In der VR China werden pseudo-taoistische Sekten, die in den 50er Jahren besonders dem Regime zu schaffen machten, als konterrevolutionär verfolgt. Man beschuldigte sie, ihre Anhänger seien reaktionäre Gewalttäter und perverse Betrüger, die u.a. durch sexuelle Praktiken Unsterblichkeit herbeizuschwindeln versuchten, was man in anti-taoistischen Ausstellungen und Dokumentationen (z.B.

im März 1955 in Shanghai) zu beweisen versuchte. Die Ziele dieser Sekten, die erbarmungslos verfolgt wurden, erinnern an den Weg des Großen Friedens (*t'ai-p'ing tao*) der alten Aufstandsbewegungen. Mit folgenden Richtungen, die bis ins 18. Jh. zurück als *Geheimgesellschaften* nachzuweisen sind, hatten es die Behörden der VR China u.a. zu tun: *I-kuan tao* (Sekte der alles durchdringenden Einheit), *Pai-yang chiao* (Weiße-Sonne-Lehre), *Lung-hua hui* (Drachen-Blumen-Gesellschaft) und *Chiu kung tao* (Neun-Paläste-Sekte). Nach Berichten des Chefs der Sicherheitspolizei Lo Jui-ch'ing von 1952 wurden die Führer der meisten Sekten unschädlich gemacht. Aber schon 1954 ist erneut von subversiven Sekten die Rede. Durch die Gründung der taoistischen Sammelbewegung der Chinesischen Taoistischen Gesellschaft, die im April 1957 erkennbar ist, versuchte man, den religiösen und sektiererischen Taoismus unter Kontrolle zu bekommen. In einer Veranstaltung am 12. Okt. 1962 sollten im Weiße-Wolke-Tempel taoistische philosophische Studien belebt werden. Dies schlug aber offenbar fehl. Heute ist in der VR China von Taoismus in keiner Form mehr die Rede. Für den philosophischen Taoismus ist die Lao-tzu-Diskussion vom Mai 1959 an der Universität Peking von einigem Interesse: Die Klassenzugehörigkeit von Lao-tzu wurde diskutiert. Die einen sahen in ihm einen Früh-Materialisten. Für die einen war *tao* transzendent und absoluter Geist, für die anderen *prima materia* im Sinne der Vorsokratiker. Lao-tzu wird als früher Atheist gefeiert, weil er sein *tao* vor dem Hochgott Shang-ti ansetzt und weil der „Weg des Himmels", den er meint, *wu-wei* (Nicht-Tun) sei. Chuang-tzu wird als introvertiert abgelehnt; er wird zur untergehenden Sklavenklasse gerechnet. Lao-tzu und Chuang-tzu zeigten zwar Ansätze zur Dialektik, hätten aber – abweichend vom Marxismus – keinen Sinn für den Kampf. Anfang der 60er Jahre wurden diese Diskussionen, zusammen mit der Konfuzius-Diskussion, eingestellt.

*Der Tao-tsang*
Nach dem Vorbild der Buddhisten schufen die Taoisten nicht nur monastisches Leben, sondern auch einen Schriftenkorpus, in dessen letzte Ausgaben von 1445 und 1596 auch mohistisches, legalistisches, ja selbst manichäisches und nestorianisches Schrifttum eingegangen ist, das dort Purifikationskampagnen der Ming überdauerte. 450 der insgesamt 1120 Bändchen sind liturgische Texte. Das Gesamtwerk hat heute 1464 Titel.

W. Franke (Hrsg.), China Handbuch, Westdeutscher Verlag, Opladen 1978, S. 1377–1379.

### 4.6.6 *Der Taoismus heute*

Im Jahre 1958 besuchte der bekannte Sinologe Holmes Welch den 63. Tien-shih („Himmelslehrer") in Taiwan, wohin er 1949 geflüchtet war, und hatte mit ihm zwei lange Unterredungen, deren wichtigste Punkte er in einem Artikel veröffentlichte.

Wir erhalten dabei eine recht eingehende Beschreibung der großen Anlagen am Lung-hu-shan sowie auch der Einkünfte, aus denen das Ganze erhalten wurde. Es zeigt sich, daß die „Himmelslehrer" immer recht wohlhabende Großgrundbesitzer waren und diese Tatsache allein genügte, ihren derzeitigen Vertreter dem fanatischen Haß und der Verfolgung durch die Kommunisten preiszugeben, ganz ab-

gesehen davon, daß seine Residenz natürlich die Hochburg des „volksverdummenden Aberglaubens" war. In Taiwan erhält der T'ien-shih eine Staatspension, die etwa dem Gehalt eines Hochschulprofessors gleichkommt. Sein jetziger Wohnplatz ist ein Tempel, der der Ch'üan-chen-Richtung zugerechnet wird. Gegen die 1957 in Peking begründete und unter kommunistischem Einfluß stehende Taoistenvereinigung schuf er eine andere, in der er die Bekenner seiner Religion in Nationalchina zusammenzuschließen versucht.
Der Gott, den er am meisten verehrt, ist der *Tai-shang Lao-chün* (eine seiner Manifestationen war Lao'tzu), den er als „Gott der Region des Gipfellosen" bezeichnet. Daneben aber kennt er auch einen „Himmelserhabenen des Uranfangs", den „Jadekaiser" und andere, alles Götter, die im Verlauf dieser Arbeit vorgekommen sind. Er ist im Besitz des von seinen Vorfahren überkommenen Zauberschwertes und Jadesiegels, deren Authentizität zumindest seit der Yüan-Zeit belegbar ist. Beide Gegenstände können nicht besichtigt und auch nicht photographiert werden. Merkwürdigerweise hält der T'ien-shih nichts von Mitteilungen des „magischen Pinsels" und ebenso wenig von Informationen im Trancezustand. Er macht den Eindruck eines ernsthaften „Tao-Wissenschaftlers" und keineswegs den eines Scharlatans, als der er von seinen Gegnern oft hingestellt wird. Unter den von ihm verehrten „Göttern" versteht er Aspekte des einen großen Tao, dessen lebendige Gesamtheit in einem Denkakt nicht zu erfassen ist. Es sind, wenn man so will, erkannte Positionen im ewigen Lebenslauf eines unendlichen und unerkennbaren Wesens, das eben behelfsmäßig Tao genannt wird.
Das Amt des T'ien-shih in dem großen Tempel bei Taipei ist die zusammenfassende Organisation aller taoistischen Sekten, deren Welch fünf aufzählt. Sie beschäftigen sich mit Morallehre, dem Studium der taoistischen Klassiker, Divination mit Hilfe der I'ching-Hexagramme, Exorzismus und Meditation. Wie sie sich zu den beiden großen Richtungen Chéng-i und Ch'ün-chên verhalten, ist mir nicht erfindlich, doch scheint es ein echtes Kloster mit dem üblichen Klosterleben der letzteren in Taiwan überhaupt nicht zu geben. Alle Taoisten, mit denen Welch zu tun hatte, führten ein normal-weltliches Familienleben, wie das bei der Chêng-i-Richtung immer üblich war.
Obgleich der Taoismus in der Bevölkerung und zumal auf dem Lande vorherrscht, wird er von der Kuomintang-Regierung keineswegs mit freundlichen Augen betrachtet, denn einmal ist er „Aberglauben", und zum anderen könnte er der politischen Opposition als Deckmantel dienen, was er ja unter der Monarchie auch tatsächlich tat.
Nichtsdestoweniger legen große und sehr eindrucksvolle Tempelbauten Zeugnis von der Lebenskraft des Taoismus ab. An ihren Säulen und Wänden findet man nicht selten die Namen der Spender und unter diesen bekannte Firmen und große Geschäftsunternehmen verzeichnet. An eindrucksvoller Feierlichkeit stehen die dort abgehaltenen Zeremoniale den unsrigen in keiner Weise nach.
Außerdem hat jedes Dorf seinen Tempel, der das eigentliche Zentrum der Gemeinde bildet. Er wird unter großen Kosten und Arbeitsaufwand erbaut und ist der Stolz des Ortes. An ihn angeschlossen sind oft Lese- und Gesellschaftsräume. In diesen werden Geschäfte abgewickelt, aber auch die administrativen Maßnahmen beschlossen. Manche Tempel haben sogar ein Amateurtheater, das öffentli-

che Aufführungen veranstaltet, die sich ebensosehr an die Götter wie an die Zuschauer richten.
Und so wie der Tempel eine Art Klubhaus der Gemeinde ist, so ist er auch im allgemeinen nicht ausschließlich einer Gottheit gewidmet, sondern ein heiliger Ort, zu dem alle Geister und Götter Zutritt haben. Wichtigster Gegenstand des Tempels ist der große, mit Asche gefüllte Dreifuß, in dem die Weihrauchstäbchen verbrannt werden. Das Darbringen dieser, verbunden mit *pai-pai* (Faustezusammenlegen und Verneigung), ist die allgemein übliche Art der Verehrung.
Neben den gewöhnlichen Orakelmöglichkeiten sind in manchen Tempeln medial begabte Personen untergebracht, durch die man sich mit den Gottheiten direkt in Verbindung setzen und so seinem Anliegen besseren Nachdruck verleihen kann.
Über dieser vielgestaltigen religiösen Aktivität, über einer verwirrenden Fülle von Kleinkulturen und einem Pantheon wie der Sternhimmel präsidiert die taoistische Priesterschaft als eine Art oberste Elite, welcher der Verkehr mit den allerhöchsten Gottheiten, wie wir sie eben in Verbindung mit dem T'ien-shih genannt haben, vorbehalten ist. Es ist keineswegs einfach, in diesen Kreis aufgenommen zu werden. K. M. Schipper, dem dies gelungen ist, stellt fest, daß zur Ausbildung eines wirklich anerkannt guten taoistischen Priesters mindestens 20 Jahre Studium nötig sind. Deshalb gäbe es davon in ganz Taiwan nur etwa 100 gegenüber 4000 bis 5000 katholischen Geistlichen.
Diese Priester, die man übrigens nur selten zu Gesicht bekommt, üben im Unterschied von Buddhisten und Protestanten mit großer Toleranz eine Art geistige Aufsicht über das religiöse Leben im Volk aus, indem sie bestrebt sind, unsinnige Auswüchse zu verhindern.
Offenbar treffen sie dabei auf den Widerstand einer anderen Kategorie religiöser Praktiker, die nach ihrem Kopfputz „Rotköpfe" (*Hung-t'ou*) oder „Schwarzköpfe" (*Hei-t'ou*) genannt werden. Sie sind im allgemeinen Gegner der orthodoxen Taoisten. Zu ihrem Propagandarepertoire gehören allerlei Zaubertricks, unter denen Trancetanzen und das Besteigen einer aus 36 Schwertern gebildeten Leiter wohl am häufigsten sind. Wir erkennen in ihnen unschwer die gegenwärtige Form der sich durch die Geschichte hinziehenden Zauberer, Magier, Schamanen usw., kurz der Vertreter des von der Intelligenz geächteten, primitiven Aber- und Wunderglaubens. Wahrscheinlich handelt es sich in Taiwan um Überbleibsel der alten, bodenständigen Religiosität, der gegenüber die mit dem T'ien-shih eingewanderten Taoisten eine gehobene und rationalisierte Lehre vertreten. Gewöhnlich aber sind diese religiösen Scharlatane die Hauptakteure und der Mittelpunkt der halbreligiösen Volksfeste, die an den Geburtstagen der Heiligen und bei anderen Gelegenheiten abgehalten werden. Man darf also ihre Einwirkung auf die Gläubigkeit der Masse nicht unterschätzen.

W. Eichhorn, Die Religionen Chinas, Kohlhammer, Stuttgart 1973, S. 393–395.

# 5 DER BUDDHISMUS IN CHINA

## 5.1 Die Anfänge

Berichte künden davon, daß bereits im dritten vorchristlichen Jahrhundert aus Indien buddhistische Mönche in China aufgetaucht seien; historisch gesichert ist jedoch nur, daß sich der Buddhismus in China in den ersten Jahrhunderten nach Christus ausbreitete. Wahrscheinlich ist er in der Form des Mahajana zunächst von Zentralasien aus, dann vom 6. Jahrhundert an über den Malaiischen Archipel nach China gekommen.

Die Legende erzählt: Im Jahre 65 n. Chr. hatte der Han-Kaiser Ming-Ti einen Traum, in dem ihm eine goldene Gottheit erschien, die ihm als der Buddha gedeutet wurde. Daraufhin habe Ming-Ti Missionare nach Indien ausgesandt, welche nach ihrer Rückkehr die buddhistische Lehre an den Kaiserhof nach Loyang bringen sollten. Die Abgesandten brachten Buddha-Statuen und Sanskritschriften mit. Mit ihnen seien zwei indische Mönche gekommen, die die Texte aus dem Sanskrit ins Chinesische übersetzt hätten. Sie hätten im Kloster des Weißen Rosses bei Loyang gearbeitet; dieses Kloster besteht heute noch.

Bodhisattwa Kuan-yin. Chinesische Skulptur aus der Sung-Dynastie.

Einer der vier himmlischen Wächter des Buddhismus. Skulptur aus Tunhuang im nordwestlichen China. Aus der frühen T'ang-Zeit.

## 5.2 Die Entstehung des chinesisch-buddhistischen Kanons

Die indischen Mönche, die die Lehrschriften übersetzten, standen vor ähnlichen Schwierigkeiten wie jene christlichen Mönche, die im frühen Mittelalter die Bibel ins Althochdeutsche übertrugen: Sie mußten eine fremde Religion mit ihrer unzugänglichen Gedankenwelt vermitteln; dazu mußten sie zunächst einmal Begriffe finden. Während allerdings die christlichen Mönche des achten Jahrhunderts Niemandsland vorfanden, konnten die Inder in China an die Sprache einer hochentwickelten Kultur anknüpfen: Sie übernahmen die taoistische Begrifflichkeit, um die Lehre Buddhas zu übertragen. Dharma (Gesetz, Lehre) wird zu Tao (das Ewige, Absolute), Nirwana (Verlöschen) wird zu Wu wei (Nicht-Handeln), Schila (Moral, sittlicher Wandel) wird mit Hsiao-hsün (Gehorsam der Kinder gegenüber den Eltern) wiedergegeben. Das letzte Beispiel zeigt besonders gut die Probleme, die jede Übersetzung aufwirft: Während „Schila" im Buddhismus alle sittlichen Forderungen bezeichnet und als wesentlicher Teil der Selbsterlösung gilt, bezeichnet Hsiao-hsün im Konfuzianismus lediglich eine der fünf grundlegenden menschlichen Beziehungen, nämlich die Ehrfurcht der Kinder vor ihren Eltern. Der Buddhismus mußte sich dem Denken und der Ethik der Chinesen anpassen. Buddhas Lehre stammte aus einem fremden Kulturkreis; er griff das Zentrum chinesischer Sittlichkeit an, die Familie. Buddha hatte die Ehelosigkeit befürwortet; die Ahnenverehrung wäre unmöglich geworden.

## 5.3 Buddhismus und Taoismus

Die Verwendung der taoistischen Begriffe und tantristische Einflüsse ließen in den ersten drei Jahrhunderten nach Christus den Buddhismus als eine Sonderform des Taoismus erscheinen. Der Taoismus drohte sogar, den Buddhismus aufzusaugen. Da erwuchs dem Mahajana in dem indischen Mönch Kumaradschiwa (344–413) der Übersetzer, dem es gelang, die Gedanken des Buddhismus in größter Genauigkeit und sprachlicher Vollendung wiederzugeben. Er versuchte konsequent, sich von den taoistischen Begriffen zu lösen; dadurch verdeutlichte er, daß der Buddhismus keine taoistische Strömung war, sondern eine eigenständige Religion. Wie schon die früheren Missionare übersetzte Kumaradschiwa nicht einen Kanon heiliger Schriften, sondern Sanskrit- und Palitexte, die ihm wichtig erschienen. Diese wurden erst sehr spät gesammelt und gesichtet und zu dem umfangreichen „Chinesischen Dreikorb" zusammengestellt.

## 5.4 Die wichtigsten Lehren des frühen chinesischen Buddhismus

Welches waren die Hauptlehren der frühen Missionare? Im Gegensatz zum indischen Buddhismus, der den Schein und die Unbeständigkeit alles Seienden behauptet hatte, nahmen die chinesischen Mönche die Unzerstörbarkeit des Selbst als die Kontinuität des Seienden an. Das Nirwana (Verlöschen), das im übrigen

Buddhismus weder Sein noch Nichtsein ist, wurde zur Lehre von der Unsterblichkeit der Seele, später unter taoistischem Einfluß sogar zur Lehre vom Paradies. Mit den übrigen indischen Buddhisten beharrten die Chinesen jedoch auf der Lehre vom Karma und der Liebe zu allen Geschöpfen (Maitri), sowie den Dogmen von den vier edlen Wahrheiten und dem achtfachen Pfad.
Ferner lehrte man in den Klöstern unter tantristisch-taoistischem Einfluß, daß man mit asketischen Methoden (Fasten, Atemübungen und Verzicht auf Sexualität) die Unsterblichkeit erlangen könne.

In jenen ersten drei Jahrhunderten n. Chr. war der Buddhismus noch nicht zu einer Volksreligion geworden, sondern blieb auf wenige Klöster, den Kaiserhof und den von ihm abhängigen Landadel beschränkt. Er war noch elitäre Religion der Herrschenden.

## 5.5 Die buddhistischen Schulen

### *5.5.1 Die Entstehung der buddhistischen Schulen*

Kumaradschiwa (344–413) hatte die Trennung des Buddhismus vom Taoismus eingeleitet. Diese Trennung war im 5. Jahrhundert vollzogen; das zeigt die erste Verfolgung des Buddhismus im Jahre 446, die in erster Linie von einem Taoisten angezettelt wurde, der eine einflußreiche Stellung am Hofe der nördlichen Wei-Dynastie innehatte.

Im 5. Jahrhundert entstanden auch die zehn chinesischen Schulen des Buddhismus. Acht Schulen hatten im wesentlichen nur philosophische Bedeutung und die Volksreligion kaum geprägt. Nur zwei Schulen sind bis heute einflußreich geworden: zum einen die Ch'an-Schule (Meditationsschule, Zen-Buddhismus), die den gesamten chinesischen Buddhismus durchdrang und in Japan sogar führend geworden ist, zum anderen die „Schule des Reinen Landes" (Ching-t'u-tsung, Amidismus, Amitabha-Buddhismus).

### *5.5.2 Das Schicksal des Buddhismus in der Tang-Dynastie (618–906)*

Nach dem Zusammenbruch der Han-Dynastie (220 n. Chr.) war die politische Einheit des Reiches zerstört. Die Tataren beherrschten Nordchina und lehnten die konfuzianischen Gelehrten und Hofbeamten wegen ihrer Treue zum Kaiserhaus ab; sie begünstigten deswegen den Buddhismus als unverdächtige Religion, die zudem im Volk mehr und mehr Anhänger gefunden hatte. Anfang des 6. Jahrhunderts waren Nord- und Westchina buddhistisch; die Konfuzianer hatten sich zusammen mit den Taoisten in den Süden zurückgezogen.

Der Buddhismus hatte die alten Götter und die konfuzianischen Ideale mindestens teilweise übernommen. Auch diese Tatsache bewog die Tang-Herrscher dazu, den Buddhismus zu begünstigen und damit auch zu kontrollieren. Überall ließ man neue Klöster und Tempel bauen; die Zahl der Mönche nahm zu; gebildete Chinesen begannen nach Indien zu reisen, um die Wirkungsstätten Buddhas zu besuchen. Bald waren aber Mißstände eingerissen: Wer einem Kloster Landbesitz spendete, konnte Steuern sparen. Es bedurfte nun nur noch einer geschickten Abkommens mit dem Kloster, um von dem verschenkten Land weiterhin Einkünfte zu beziehen. Vielleicht hatte das Kloster eine Ölkelter oder eine Getreidemühle, an deren Einnahmen man beteiligt wurde. Ferner traten unzählige junge Männer in die Klöster ein, um dem Militärdienst zu entgehen. Dies führte zu ernsthaften wirtschaftlichen Schwierigkeiten, die vermutlich zur dritten großen Buddhistenverfolgung im Jahre 845 führten. Fast 5000 Klöster wurden zerstört und über eine Viertelmillion Mönche und Nonnen gezwungen, wieder in ihr bürgerliches Leben zurückzukehren; durch diese Maßnahme stiegen die Steuereinnahmen wieder kräftig. Diese Verfolgung machte auch acht der zehn buddhistischen Schulen ein Ende; nur die Ch'an-Schule und der Amitabha-Buddhismus überlebten.

### *5.5.3 Der Ch'an-Buddhismus*

Die chinesische Tradition berichtet, daß der indische Mönch Bodhidharma (Anfang des 6. Jahrhunderts) der Begründer des Ch'an-Buddhismus gewesen sei. Der Legende nach habe er neun Jahre lang mit dem Gesicht gegen eine Mauer gesessen, um nicht von der Meditation abgelenkt zu werden; ja er habe sogar seine Augenlider abgeschnitten, damit sie ihn nicht störten. Vermutlich hatte aber der Inder Bodhidharma für die Entwicklung des Ch'an nicht die überragende Bedeutung, die ihm seine Schule zuschreibt.

Im Gegensatz zu den anderen Schulen, die großen Wert auf das Studium und Rezitieren der heiligen Schriften legten, hielten die Meister des Ch'an die Meditation für den einzig möglichen Weg zur Erkenntnis. Die Erleuchtung besteht darin, zu erfahren, daß der Keim der Buddhaschaft in jedem selbst liege. Damit knüpft Ch'an an den indischen Begriff „Dhjana“ (Meditation) an; das Wort Ch'an ist Lehnwort von „Dhjana“.

In jedem Menschen bleibt die Natur des Buddha verborgen, weil er nicht um sie weiß. Ch'an lehrt: Weder das gründliche Studium der heiligen Schriften noch gute Werke noch Gebete können uns erlösen. Nur wenn die Persönlichkeit des Schülers, seine seelische Abwehr gewaltsam und plötzlich durchbrochen wird, ist Erlösung möglich. Auf welche Art und Weise dieser Durchbruch geschehen soll, kann man nicht anlesen, sondern dies kann dem Schüler nur von einem Meister gezeigt werden. Erlösung bedeutet im Ch'an: Man erkennt seine Identität mit Buddha, entrinnt dadurch dem ewigen Kreislauf des Lebens (Samsara) und erlischt im Nirwana.

Schon im 7. Jahrhundert gab es innerhalb des Ch'an wegen der Frage der Methoden, die zur Erkenntnis führen, Streit: Es bildeten sich zwei Schulen, die Nord- und die Südschule. Die nördliche Schule lehrte, man könne die Erkenntnis nur stufenweise erreichen; die südliche Schule dagegen hielt an dem Charakter des plötzlichen Erleuchtungserlebnisses fest. Die südliche Richtung trug den Sieg davon und bestimmte fortan den Charakter des Ch'an, der dann im 12. Jahrhundert als Zen-Buddhismus Japan erreichte.

Der Ch'an-Meister versucht, durch Stockschläge, strenge Zurufe und irrationale, paradoxe Antworten auf Fragen des Schülers den Vorgang der plötzlichen Erleuchtung zu fördern.

Im Gegensatz zu den anderen Mahajana-Schulen verlangten die Ch'an-Meister immer, daß die Mönche täglich arbeiteten. Dies war wahrscheinlich der Grund dafür, daß der Ch'an-Buddhismus die große Verfolgung im Jahre 845 überlebte und so das Leben im Kloster bis ins 20. Jahrhundert hinein prägen konnte. Zweifellos hat Ch'an zunächst den hinduistischen Heilsweg des Joga übernommen und ihn mit tantristischen Elementen angereichert, sowie sich – was nahelag – dem Taoismus stark angeglichen. Seine größte Bedeutung aber bekam diese Form des Buddhismus in Japan als Zen-Buddhismus, der von dort aus in den anglo-europäischen Kulturkreis eindrang.

Ein dem Bodhidharma zugeschriebenes Wort zeigt das Wesen des Ch'an: „Die Schriften sind nur der Finger, der auf den Mond der Erleuchtung hindeutet. Wenn man den Mond sehen kann, hat der Finger keinen weiteren Zweck mehr. Im Studium und in der Erklärung der heiligen Schriften aufgehen, in anderen Worten, auf den Mond zu sehen vergessen, die Erlangung der Erleuchtung vergessen, heißt den Buddhismus auf den Kopf stellen. Sowohl Buddha wie der gemeine Mann haben dieselbe wahre Natur. Um dies klar zu sehen, müßt ihr Versenkung üben. Wenn ihr zu der unerschütterlichen Überzeugung gelangt, daß der gemeine Mann und der Heilige eines und dasselbe sind, so werdet ihr künftig nicht mehr nötig haben, den geschriebenen Lehren der Schriften nachzugehen." *(Zitiert nach Heiler, S. 317).*

### *5.5.4 Die „Schule des Reinen Landes" (Der Amitabha-Buddhismus)*

*a) Grundlehren.* Die „Schule des Reinen Landes" (Ching-t'u tsung) wurde im 4. Jahrhundert begründet, aber erst von ihrem bedeutendsten Lehrer Shan-tao im 7. Jahrhundert ausgestaltet. Seit dem 14. Jahrhundert beherrschte der Amidismus Leben und Kultur des chinesischen Volkes.
Der Grundgedanke der Lehre lautet: Wer Amitabha-Buddha (O-mi-t'o) verehrt, wird nach seinem Tode im Paradies, dem reinen glücklichen Land wiedergeboren werden. Die Verehrung des Amitabha kann auf verschiedene Weise geschehen: Man kann entweder den Namen Amidas anrufen oder durch die Meditation des Namens Amidas zur Erleuchtung gelangen oder allen Menschen gegenüber Liebe und Wohlwollen üben. Alle drei Wege führen zu dem einen Ziel, den Qualen der Hölle zu entgehen und ein Buddha zu werden.

*b) Die Person des Amitabha.* Dem ursprünglichen Buddhismus ist die Gestalt des Amitabha-Buddha unbekannt. Der Sukhawatiwjuha-Sutra, die wichtigste Schrift des Amidismus (wahrscheinlich im 2. nachchristlichen Jahrhundert entstanden), erzählt über Amitabha folgende Legende: Vor langer Zeit habe ein Mönch namens Dharmakara eine Reihe von Gelübden abgelegt; als er die Buddhaschaft erreicht habe, habe er all denen, die an ihn glaubten und seinen Namen anriefen, versprochen, sie würden im Paradies des Reinen Landes wiedergeboren und dürften dort in Wonne und Seligkeit leben, bis sie ins Nirwana eingingen. Als Dharmakara seine Gelübde erfüllt gehabt habe, habe er begonnen, als Buddha Amitabha im Paradies des Westens zu herrschen.

*c) Die Erlösung durch Gnade.* Nach der Lehre der „Schule des Reinen Landes" wird der Mensch nicht wegen guter Taten oder durch Meditation erlöst, sondern allein auf Grund der Gnade des Amitabha. Dies zeigt der folgende Text, der Shan-tao zugeschrieben wird: „Ein Wanderer, der seinen Freund im Westen besuchen will, wird von wilden Tieren und Wegelagerern verfolgt, bis er an einen Strom kommt. Zu seiner Rechten züngeln hohe Flammen, zu seiner Linken tosen mächtige Wellen, zwischen beiden geht nur ein schmaler, weißer Pfad. Beim Versuch, den Fluß zu überschreiten, droht er entweder in die Flammen oder in die Wogen zu stürzen, bei einer Umkehr von den wilden Tieren oder den Wegelagerern getötet zu werden. Da hört er eine Stimme von drüben: „Komm, ich will dich beschützen!", und eine andere Stimme von hüben: „Geh, du wirst gewißlich errettet werden." Da wird der Wanderer von unerschütterlicher Entschlossenheit erfüllt; er achtet nicht auf die Rufe der Wegelagerer, sondern geht auf dem schmalen, weißen Pfad voran, gestärkt durch die hilfreichen Zurufe, und gelangt so sicher an das andere Ufer, wo die Hand des treuen Freundes sich ihm entgegenstreckt."

*d) Die Erlangung der Buddhaschaft.* Wer die Buddhaschaft erreichen will, muß die sechs Vollkommenheiten erreichen: Er muß ein moralisch einwandfreies Leben führen, er muß gegenüber allen Wesen Barmherzigkeit üben, er muß alle Widrigkeiten mit Gelassenheit ertragen, er muß meditieren, er muß die heiligen Schriften studieren und unentwegt danach streben, sein Ziel zu erreichen.

*e) Das Paradies.* Dieses Ziel ist – im Gegensatz zur Lehre Buddhas und dem Hinajana – nicht mehr das Nirwana, sondern das Paradies. Zwar hatte auch die frühe „Schule des Reinen Landes" gelehrt, das Reine Land sei nur ein Durchgang zum Nirwana, eine Insel der Seligen, ein Warteplatz. Aber schon bald änderte sich diese Lehre, und das Ziel der Erlösung bestand nun darin, als Buddha in das Paradies zu gelangen. Dieses stellte man sich sehr irdisch vor: Dort ist Amitabha der einzige Herr, außer ihm gibt es keine Herrschenden. Gesetze sind unbekannt. Kinder entstehen nicht durch ekelerregende Zeugung, sondern entsprießen Lotosblüten. In wunderbaren Gärten tragen Bäume erlesene Früchte, die Flüsse und Teiche sind voll von Fischen. Menschen und Tiere leben miteinander in Frieden. Der frische, süße Tau der Blumen verwandelt sich in herrlichen Wein, die Menschen atmen Bildung und Gelehrsamkeit ein, bis sie ins Nicht-Sein eingehen. So schildert der Mönch Chih Tun (314–366) das „Land des Reinen Westens". (Chih Tun vertritt die alte Meinung, das Paradies sei nur ein Zwischenstadium zum Nirwana).

*f) Die Offenbarungen des Göttlichen.* Der größte Unterschied zwischen Hinajana und Mahajana besteht in der Lehre von den Buddhas und Bodhisattwas, den Jüngern Buddhas und den Schutzgöttern. In China glaubt man an die Offenbarung des einen Göttlichen in vielen Formen, die man in vier Klassen in folgender Reihenfolge aufteilt: 1. die Buddhas, 2. die Bodhisattwas, 3. die Arhats (= Jünger Buddhas, Heilige) und 4. die Dewa's, die Schutzgötter.

*1) Der Buddha und die Buddhas.* Das Göttliche, das die Quelle aller Werte ist, erhielt schon im frühen Mahajana personale Züge. Es wird zum Gott, der Erkenntnis ist und mit den Menschen und Tieren Mitleid hat. Er ist als Urbuddha (Adibuddha) die Urform aller anderen Buddhas. In China verkörpert er sich nach Meinung vieler in fünf Buddhas: 1. dem historischen Siddharta Gautama, 2. Amitabha (= Amit'o Fo), 3. Yao-shih Fo, 4. Wairotschana und 5. Lu-shena (= Lotschana). Diesen fünf Verkörperungen Adi-Buddhas werden bestimmte Eigenschaften zugeschrieben: 1. Siddharta Gautama die Meditation und das Eingehen ins Nirwana, 2. Amitabha die Erlösung, 3. Yao-shih Fo die Medizin, 4. Wairotschana die reine Lehre und 5. Lotschana der Schutz der Gemeinde.

*2) Die Bodhisattwas.* Es gibt unzählige Bodhisattwas, die darauf verzichtet haben, in das Nirwana einzugehen, um den Menschen den Weg zur Erlösung zu zeigen. Die drei wichtigsten sind Awalokiteschwara, Ta-shih-chih und Maitreja.
Awalokiteschwara („Der Herr, der gnädig herabblickt") war auch in China ursprünglich eine männliche Gottheit und galt als Sohn des Amitabha. Er wurde chinesisch Kuan-yin (in Japan dann Kwannon) genannt und von den Zügen einer weiblichen Gottheit überlagert, so daß er schon sehr früh als Göttin verehrt wurde. Kuan-yin ist die Göttin der Barmherzigkeit; das Volk verehrt sie als Helferin der Kranken und vor allem als die Jungfrau, die den verheirateten Frauen Söhne schenkt. Fast in jedem Dorf steht ihre Statue. Sie wird oft mit einem Kind im Arm oder mit dem Rosenkranz dargestellt.
Der Maitreja-Bodhisattwa ist der Buddha, der in der Zukunft kommen wird. In der Vergangenheit hat es viele Buddhas als Verkörperungen des Adibuddha gegeben, und es werden auch in Zukunft noch viele kommen. Maitreja weilt zur Zeit noch als Bodhisattwa im Tuschita-Himmel; wenn aber die Lehre des Siddharta Gautama völlig verkommen sein wird, wird Maitreja den Tuschita-Himmel verlassen und auf die Erde kommen, um den Buddhismus zu verkünden. Der Name kommt aus dem Sanskrit: Maitri bedeutet Liebe, Barmherzigkeit. In China wird er Mi-lo-fo genannt. Die Chinesen stellen ihn häufig als fettleibigen Mönch dar, der lachend dasitzt und in den Händen seinen Rosenkranz dreht (das Symbol des Gebetes zugunsten der Menschen) und einen Geldbeutel hält (der Geldbeutel weist auf die Vermischung mit einem Gott des Reichtums hin).

*3) Die Arhats (lo-han).* Die dritte Klasse sind die Jünger Buddhas, die Arhats, von denen 14, 16 oder auch 500 verehrt werden (darunter auch der europäische China-Reisende Marco Polo). Der Arhat steht rangmäßig unter dem Bodhisattwa, weil er trotz seiner Erlösung kein Gelübde abgelegt hat, die Menschen zu erretten; vielmehr kümmert er sich nur um seine eigene Erlösung.

*4) Die Schutzgötter (Dewa's).* In der vierten Klasse vereinigt sich unter dem Namen „Schutzgötter" (chin. T'ien-shen) ein buntes Gemisch von Gottheiten, die indischen und altchinesischen Ursprungs sind. Hierzu wird auch Konfuzius gerechnet.

## 5.6 Der chinesische Buddhismus im 20. Jahrhundert

### *5.6.1 Die Tempel*

Die Dorftempel verfügen nur über geringe materielle Mittel. Meist werden sie von einem einzigen Mönch betreut, der einen oder gelegentlich auch mehrere Schüler unterrichtet. Wenn der Mönch alt oder krank geworden ist, setzt er einen seiner Schüler als Nachfolger ein.

Im Gegensatz zu den Dorftempeln sind die großen Tempel reich an Besitz; in ihnen wohnen oft mehrere hundert Mönche. Die Gemeinde des Tempels, die über ganz

China verstreut sein konnte (dies betrifft das vormaoistische China und die Auslandschinesen), wählt den Abt des Klosters. Solche großen Tempelanlagen gab es vor 1949 mehrere Dutzend in China. Heute kann man sie dort wohl an einer Hand abzählen; die wenigen verbliebenen Mönchsgemeinschaften dienen hauptsächlich dazu, dem Ausland vorzuweisen, daß in der Volksrepublik China die verfassungsmäßig vorgeschriebene Religionsfreiheit eingehalten wird.

Die bedeutendsten Klöster hatten sich verschiedene Schwerpunkte gesetzt: das eine war als Zentrum buddhistischer Lehre bekannt, das andere als Mittelpunkt mönchischen Gemeinschaftslebens, das dritte als Vertreter des Ch'an. Allen diesen Tempeln war und ist gemeinsam, daß die Mönche Amitabha verehren, die Mönchsgelübde und das asketische Leben pflegen und in den Gottesdiensten dieselben liturgischen Gesänge angestimmt werden.

### *5.6.2 Die Laien*

Für die Laien bedeutet der Buddhismus in erster Linie die Verehrung vieler Götter; er ist zur polytheistischen Religion geworden. Er hat sich ganz der Mentalität der Kleinbauern, die in China immer die ungebildete Masse bildete, angepaßt. Der den Chinesen ursprünglich völlig fremde Gedanke einer Wiedergeburt auf Grund von guten und bösen Taten (Samsara) wurde mit der konfuzianischen Pflicht, die Vorfahren zu verehren, verbunden. Dazu bedurfte man der Hilfe der Mönche. Dies war und ist der Eckstein für Reichtum und Bedeutung der Tempel, aber auch Anlaß ihres moralischen und geistigen Niederganges. Den Erwartungen der Masse hatten sich im Laufe der Jahrhunderte die Mönche immer mehr anzupassen. Die Leute erwarten von ihnen, daß sie Gebete sprechen, um den Seelen der verstorbenen Angehörigen Gutes zu tun; sie drängten die Mönche, zu den Buddhas und Bodhisattwas zu beten, die als Götter verehrt werden. Im 20. Jahrhundert war die theologische Bildung der Mönche im allgemeinen sehr gering; sie waren für eine Begegnung mit dem Gedankengut der westlichen Welt denkbar wenig gerüstet. Als Ausgleich dazu gründeten Laien Ende des 19. Jahrhunderts Organisationen, die versuchten, den Buddhismus mit der modernen Welt ins Gespräch zu bringen (z.B. das China Institute of Internation Studies in Nanking 1918).

### *5.6.3 Das chinesische Tripitaka*

Das Mahajana war aus den Gliedern der Großen Gemeinde, den Mahasanghika's, entstanden. Deshalb erkennt auch das Große Fahrzeug, das alle zum Heile führen will, den Palikanon an. Es hat aber im Laufe der Jahrhunderte viele andere Lehrabhandlungen, die dem Buddha zugeschrieben wurden, übernommen und betrachtet sie als heilige Schriften. Diese Sutras stehen in höherem Ansehen als der Palikanon. Die Anhänger behaupten, diese Sutras seien zwar schon vom Buddha zu seinen Lebzeiten verkündigt worden, seien aber verborgen geblieben und erst jetzt entdeckt worden. Die meisten dieser Schriften sind nur in chinesischer oder tibetischer Sprache erhalten, sehr wenige auf Sanskrit. Ihr Umfang ist nicht streng abgegrenzt. Man unterscheidet zwei große Sammlungen: den chinesischen Dreikorb und die tibetische Sammlung. Der chinesische Dreikorb umfaßte ursprünglich mehr als zweitausend Werke. Wir besitzen heute noch 276 davon. Im Laufe der Jahrhunderte kamen jedoch wieder neue Schriften dazu. Das chinesische Tripitaka wurde erstmals im Holzblock im Jahre 972 gedruckt. Die neueste Ausgabe, das Taisho Shinshu Daizokyo (zugleich die moderne Standardausgabe), erschien von 1924 bis 1929 in Japan; sie besteht aus 2184 Werken in 55 Bänden von je etwa 1000 Seiten.

Die wichtigsten Sutras des chinesischen Dreikorbes sind: 1. „Die Vollkommenheit der Erkenntnis" (Pradnjaparamita), chinesisch, 2. Jhdt. n. Chr. 2. Die „Beschreibung des Reinen Landes" (Sukhawatiwjuha), chinesisch, 2. Jhdt. n. Chr., in dem eine monotheistische Lehre von Amitabha entwickelt wird. 3. Der „Lotos des Guten Gesetzes" (Saddharma-Pundarika), chinesisch, 3. Jhdt. n. Chr., das die chinesische Buddha-Lehre und Buddha-Anbetung erklärt, 4. Der „Buddha-Schmuck" (Buddha-Watamsaka), chinesisch, zwischen dem 4. und 8. Jhdt. und 5. der Wimalakirtinirdescha-Sutra (Wei-mo Ching), der die Geschichte des Buddha-Jüngers Wimalakirti erzählt. Dieser Sutra erklärt den Anhängern, die das Hinajana vertreten, die Mahajana-Lehre von der „Leere" (der Schunjata), chinesisch, 3. Jhdt. n. Chr.

### *5.6.4 Schlußbetrachtung*

Keine der anderen in China gewachsenen Religionen hat das chinesische Volk und seine Kultur so intensiv durchdrungen und beeinflußt wie der von Indien gekommene Buddhismus. Den Glauben des einfachen Volkes und seine Frömmigkeitspraxis konnten auch die Wirren des 19. und 20. Jahrhunderts bis zur Machtergreifung Maos (1949) nicht erschüttern. Als Religion der Gebildeten machte der Buddhismus in China in den letzten hundert Jahren freilich große Wandlungen durch: Der Einfluß der Mönche und Nonnen schwand, die Bedeutung der Laien stieg. So zählte die im Jahre 1929 gegründete Chinesische Buddhistische Gesellschaft wenige Jahre nach ihrer Gründung bereits über vier Millionen Mitglieder.

Vom Christentum her drangen die Gedanken der Diakonie sowie der Gedanke der Mission in den Buddhismus ein. Als aber Mao Tse-tung die Macht ergriffen hatte, war die Todesstunde des Buddhismus in China gekommen. Religiöse Betätigung war seit 1966 vollständig verboten; erst seit 1979 beginnen sich unter dem neuen Kurs Teng Hsiao P'ing's und Hua Kuo Feng's gewisse Ansätze zu zeigen, die darauf hinweisen, daß vielleicht in der Zukunft die Religionen in China wieder neue Möglichkeiten erhalten.

## 5.7 Quellen

### *5.7.1 Das Erbarmen des Buddha Amitabha*

Denn der Buddha läßt sich nicht mit gewöhnlichen Menschen vergleichen. Gewöhnliche Menschen nehmen an anderen keinen Anteil, wenn sie nicht aus den Umständen Vorteil ziehen können, sie nehmen an anderen keinen Anteil, wenn für sie selbst kein Gewinn dabei ist. Das ist das Verfahren gewöhnlicher Menschen. Aber schon der edle und vornehme Mensch handelt nicht so. Wieviel weniger der Buddha! Denn wo kein Erbarmen und Mitleid ist, da kann keine Rede sein von einem Buddha. Wo man den Wesen allen nicht zur Erlösung verhelfen will, da kann keine Rede sein von einem Buddha. Wo die hocherhabene (Wunder-)Kraft fehlt, da kann keine Rede sein von einem Buddha. Da (Amitabha) voll Mitleid und Erbarmen ist, beachtet er, wie die Wesen alle im Ozean der Leiden versinken und wünscht, ihnen zur Erlösung zu verhelfen. Da er die hocherhabene (Wunder-) Kraft besitzt, kann er, entsprechend seiner Bereitschaft zu erlösender Hilfe, das verdienstvolle Werk der Erlösung auch vollführen. Das ist das Verfahren des Buddha.

G. Mensching, Das lebendige Wort, Holle, Baden-Baden 3. Aufl. 1961, S. 224–225.

### *5.7.2 Die Anrufung des Buddha Amitabha*

Täglich in der Frühe möge man, indem man sich mit Zusammenlegung der Handflächen nach Westen hin verneigt, ausrufen: Verehrung (namo) dem Amitabha, Verehrung dem Bodhisattwa Kuan shih yin, Verehrung dem Bodhisattwa Ta shih chih, Verehrung allen Bodhisattwa's, Srawaka's und Höchstvolltrefflichen. Jede Formel werde zehnmal gesprochen. Dann verneige man sich wiederum und rufe den Bodhisattwa des großen Erbarmens an, bekenne unter Lobpreisung des Buddha seine Sünden und gehe nun wieder zu der Gelübde-Gatha über, die man einmal vollständig spreche:

Von den Buddhas der drei Welten in den zehn Himmelsrichtungen
Ist Amita der Erste.
In der Erlösung aller Wesen nach neun Rangstufen
Erweist sich die unerschöpfliche Fülle seiner Wunderkraft.
Indem ich jetzt mit vollem Vertrauen zu ihm flüchte,
Bekenne und bereue ich meine Sünden der drei Gebiete,
Allem glückbringenden Guten dagegen
Wende ich mich von ganzem Herzen zu.
Möchte mir samt allen, die den Buddha anrufen,
Die Vergeltung zu seiner Zeit offenbar werden,
Möchte uns, wenn das Ende naht, der Bezirk des Westgebietes
In aller Klarheit vor Augen treten.
Möchten wir sehen und hören (was) unsere Anstrengung (erreicht hat),
Gemeinsam wiedergeboren werden im Reich der höchsten Seligkeit
Den Buddha sehen und Geburt und Tod entronnen sein,
Als ein Buddha die Gesamtheit der Wesen erlösen!

Dann verneige man sich nochmals und ziehe sich zurück. Diese Gatha besitzt besondere Wunderkraft, sie vermag alle Sünden zu tilgen und jegliches Glück hervorzurufen. Noch schöner wirkt es, wenn jemand bei der Verneigung auch Weihrauch verbrennt und sich niederwirft. Wer täglich so verfährt, wird sicherlich auf der mittleren Rangstufe wiedergeboren werden. Unterweist man andere in dem Rezitieren dieser Gatha, so erwirbt man große Glücksvergeltung.

Gustav Mensching, Das lebendige Wort, Holle, Baden-Baden 3. Aufl. 1961, S. 225–226.

Das Kloster Ch'i-hsia-szu wurde im Jahre 487 in einer landschaftlich schönen Gegend am Fuße eines bewaldeten Hügels gegründet. Die Pagode stammt aus dem 10. Jahrhundert, die übrigen Gebäude aus dem 19. Jahrhundert. Das Kloster liegt im Nordosten von Nanking.

### *5.7.3 Das buddhistische Mönchs- und Nonnenleben in China*

Das religiöse Leben des chinesischen Buddhismus wird in erster Linie vom Mönch- und Nonnentum getragen. Nach dem alten buddhistischen Ausdruck heißen die Mönche und Nonnen „Menschen, die aus dem Heim gegangen sind" (*ch'u-chia-jên*), im Unterschied von den „Menschen, die im Heim wohnen" (*tsai-chia-jên*). Wie die christlichen Mönche und Nonnen legen sie ihren Familiennamen ab und nehmen einen Ordensnamen an. Die Motive des Eintrittes in den Orden sind sehr verschiedene. Knaben werden von den Eltern in Klöster gegeben auf Grund eines Gelübdes oder wegen der Schwierigkeit der Ernährung. Weltmüde Menschen, auch Offiziere und Politiker, suchen in ihnen Frieden, bejahrte Menschen Altersversorgung, gefallene Frauen und Verbrecher ein Asyl. Rein religiöse Motive sollen gegenüber den profanen zurückstehen.
Das Mönchsleben beginnt mit dem Noviziat unter Leitung eines Novizenmeisters, der für seinen Schützling ebenso väterlich sorgt wie ein indischer *Guru*. Die Ordination, die nach alter Regel erst nach Vollendung des 20. Jahres erteilt wurde,

kann heute schon mit 15 oder 17 Jahren empfangen werden. Der Ordinand muß in einem größeren Kloster, welches die Ordinationsbefugnis hat (früher auf Grund eines kaiserlichen Patentes), sich einem zwei bis drei Monate dauernden Vorbereitungskurs unterziehen. Die Ordination erfolgt stufenweise; zwischen den einzelnen Ordinationsgraden liegen wie in der christlichen Kirche Interstitien (vorgeschriebene Zwischenräume), die heute zumeist wegfallen. Die Ordination wird ähnlich der jüdisch-rabbinischen Ordination und der christlichen Bischofsweihe von einem Abt unter Assistenz von zwei bejahrten Mönchen und von sieben Zeugen erteilt.

Bei der Ordination zum Novizen legt der Weihekandidat das Gelübde auf die fünf allgemeinen Schila-Gebote ab. Sein Kopf wird bis auf einen Schopf glatt rasiert. Der Novizenweihe folgt die Weihe zum Asketen (*schramana*, Pali *samana,* chin. *sha-mên*). Nach einem Bußakt und nach Anrufung der Buddha und Bodhisattwa verpflichtet sich der Ordinand auf die fünf besonderen Schila-Gebote sowie auf die 250 Klosterregeln, wie sie in der Beichtformel, dem Pratimoksha, vorgelesen werden. Dann wird der letzte Haarschopf abrasiert. Der Abt reicht dem zu Weihenden die Insignien, das Kleid eines Bettelmönches, den Gebetsteppich und die Almosenschale, nachdem er alle diese Gegenstände gesegnet hat.

Nach sechs bis zehn Tagen erfolgt die Weihe zum Bettelmönch (*bhikschu*) in der geschlossenen Tempelhalle unter Ausschluß aller Laien. Nach einem Bad, dem Kleiderwechsel und dem Empfang der Absolution verpflichtet sich der Mönch auf die 58 Regeln des „*Brahma*-Netzes". Dann werden drei bis zwölf kleine Stücke Holzkohle auf sein Haupt gelegt und angezündet, so daß sie sich in das Fleisch einbrennen. Sie dienen als Zeichen dafür, daß er als ein Bodhisattwa Leiden um seiner Mitgeschöpfe willen auf sich nehmen muß. Während der schmerzvollen Prozedur ruft der Geweihte den Namen des A-mi-t'o Fo an. Manche Mönche bezeichnen diese Weihe als „die größte Stunde ihres Lebens", als ein „unbeschreibliches Erlebnis" (Reichelt). Eine Festmahlzeit beschließt diese Feier.

Die höchste Weihe ist die zum Bodhisattwa. Sie findet am Fest der Geburt Buddhas statt. Nach denselben vorbereitenden Riten wie bei der Weihe zum Bettelmönch gelobt der Ordinand, die bisherigen Stufen als bloße Vorstufen anzusehen und nunmehr 1. alle Wesen ohne Ausnahme zur Erlösung zu führen; 2. allen Schmerz und alles Leiden zu beendigen; 3. Die Werke der zahllosen Lehrer zu studieren; 4. sich stets zu vervollkommnen, um die höchste Heiligkeit eines Buddha zu erlangen. Dieses Mal wird ihm das Zeichen Buddhas auf die Stirne gebrannt – ein Brauch, der in Indien seit dem zweiten nachchristlichen Jahrhundert, in China seit dem 8. Jahrhundert eingeführt war. Nach der Ordination verbleibt der geweihte Mönch in einem größeren Kloster zu geistlichen Übungen oder geht auf Pilgerfahrt; er kann auch zu seinem Meister zurückkehren oder priesterliche Funktionen an einem Tempel übernehmen.

Die chinesischen Klöster sind wie die mittelalterlichen abendländischen an schönen Plätzen errichtet und fügen sich harmonisch in das Landschaftsbild ein. Über der Pforte steht der poetische Name des Klosters, wie „Kloster unter dem Geistesschatten", „Kloster der nephritgrünen Wolke", „Kloster des himmlischen Friedens". Die Mönche grüßen den Ankömmling mit gefalteten Händen und mit dem Preisruf „*Nan-mu A-mi-t'o Fo*". Durch das erste Tor gelangt dieser zu einem Platz mit zwei Teichen; in einem schwimmen Fische, im anderen blühen Lotusblumen, das Bild des buddhistischen Mönchs, der in der Welt, nicht von der Welt ist. An der Pforte des Heiligtums erweisen Mönche und Pilger dem Bild des Mi-lo Fo Anbetung. Die vier Himmelskönige blicken als „Wächter“ streng auf den Eintretenden. In der mächtigen Tempelhalle befinden sich drei Buddhastatuen, zumeist *Shih-chia-mu-ni* (Schakjamuni) in der Mitte, *A-mi-t'o Fo* zu seiner Rechten und *Yao-shi Fo* zu seiner Linken, davor ein mächtiger Altar mit Lichtern, Weihrauchgefäßen und Schmuckgegenständen. Rechts und links stehen je zwölf Götterstatuen und je acht *lo-han*, dahinter oder in einer eigenen Kapelle das Bild der Kuanyin, umlagert von betenden Frauen; in der Seitenhalle stehen die Figuren der fünfhundert *lo-han*. Von diesem im Dämmerlicht befindlichen Raum mit seinen ehrfurchterweckenden Bildern sagt ein kenntnisreicher abendländischer Beobachter: „In einem buddhistischen Tempel wie diesem scheint man in eine andere Welt versetzt zu sein“ (Pratt). – Einen ganz anderen Charakter trägt die Meditationshalle (*ch'an-t'ang*) oder „Weisheitshalle“. In der Mitte steht eine Buddhafigur und ein Altar; an den Wänden entlang befinden sich Bänke mit Kissen, auf denen die meditierenden Mönche sitzen, dahinter eine Plattform, auf welcher sie ihr Bettzeug ausbreiten – die Meditationshalle dient für einen großen Teil der Mönche zugleich als Schlafsaal. – Die Bibliothekshalle birgt in zwölf Büchergestellen das *Tripitaka*. Auf Altären brennt ständig Weihrauch. In den Seitenräumen befinden sich die Holzblöcke, von denen früher die heiligen Schriften gedruckt wurden. – Die „Gesetzeshalle“ (*fa-t'ang*) dient als Wohnung des Abtes und seiner Vorgänger. – Im Refektorium steht häufig ein Bild des dickbäuchigen Mi-lo Fo. – In der den mystischen Aufstieg versinnbildenden Pagode, die auch „Halle der Alten“ heißt, wird die Asche der Toten aufbewahrt. Wer über das *Memento mori* nachsinnen will, betritt dieses Gebäude, neben dem das aus Stein gebaute Krematorium sich befindet. – Es gibt Einzelzellen für Mönche und für Gäste, daneben besondere Zellen, in welchen sich manche Mönche wie die christlichen Reklusen zum Zwecke der weltabgeschiedenen Meditation für ein bis drei Jahre einmauern lassen. Durch eine schmale Öffnung erhalten sie die Speisen. Zur Einrichtung einer Mönchszelle gehört ein Hausaltar mit einem Bild des A-mi-t'o Fo, eine Räucherschale und ein Büchergestell mit heiligen Texten. Die chinesischen Mönche tragen dunkle, braune, graue oder schwarze Gewänder.

An der Spitze des Klosters steht ein für drei Jahre gewählter Abt, dem als Ratgeber die als „Väter“ bezeichneten früheren Äbte zur Seite stehen. Als Zeichen seiner Würde wie seines Züchtigungsrechtes trägt er einen fein geschnitzten Stock. Manche Klöster hatten Landbesitz, andere nur die Almosen der Pilger und die Stipendien für die Seelenmessen als Einnahmequellen. Die Mönche üben eine umfangreiche Gastfreundschaft; wie in den abendländischen Klöstern sorgt für die Gäste ein besonderer Gastpater.

Der Tageslauf in einem Kloster ist streng geregelt. In manchen Klöstern stehen die Mönche um Mitternacht zu einem zweistündigen Studium auf und halten um 5 Uhr den Morgengottesdienst. In anderen erheben sie sich zwischen 2 und 4 Uhr. Glockenklang und Trommelton rufen 10–15 Minuten lang im Abstand von einer oder mehr Minuten zum Morgengottesdienst. Ihnen folgen in immer rascherem Tempo die weichen Töne des Gong und das Geräusch eines Holzinstruments, das wegen seiner Form *mu-yü* oder auch „Klopffisch" genannt wird. Die Mönche versammeln sich in der Tempelhalle. Sie richten ihr Angesicht zum Altar oder zur Mitte der Tempelhalle oder stehen als Halbchöre („Ost-" und Westgruppe") einander gegenüber. Ein Mönch leitet den Gottesdienst, ein anderer gibt mit einer Schellenstange den Takt an. Auf das Zeichen wirft sich die ganze Schar der Mönche – bisweilen mehrere Hunderte – auf den Boden, erhebt sich und verneigt sich neunmal. Der Instruktor stimmt das *Nan-mu* („Verehrung sei") an, und der ganze Chor respondiert mit dem Namen des betreffenden Buddha oder Bodhisattwa. Es folgen auswendig vorgetragene Lobgesänge, Gelübde und Bittgebete im Wechselgesang, an bestimmten Stellen unter Begleitung eines Metall- oder Holzgongs. Die Musik wird als „Wehmutsmelodie" bezeichnet; an Festtagen trägt sie jedoch einen freudigen Charakter. Die Anbetungsgesten wechseln zwischen Stehen, Knien und Sichverneigen, die den *Sutra* entnommenen Textabschnitte werden teils in chinesischer Übersetzung, teils in phonetischer Transliteration des Sanskrit rezitiert; die letztere Form gilt wegen der Ursprünglichkeit und Altertümlichkeit als besonders heilig. Beim Gottesdienst werden auch Speiseopfer vor den Bildern dargebracht, doch haben sie nur symbolischen Charakter. Die Liturgie schließt nach einer Dauer von 1–1½ Stunden mit einer stillen Prozession; die Mönche schreiten mit gefalteten Händen und halbgeschlossenen Augen durch die Tempelhalle, grüßen die verschiedenen Statuen und stellen sich zuletzt vor den Hochaltar, wo der Abt sich neunmal verneigt. Der norwegische Missionar Reichelt, der diesen Gottesdienst anschaulich geschildert hat, bekennt den tiefen Eindruck, den er davon empfangen, und berichtet, daß manche ihm erklärt hätten: „Erst, als ich diese ernsten Gottesdienste sah, verstand ich, was Buddhismus ist; ich wurde erneuert." Auf das Zeichen des „Holzfisches" hin ziehen die Mönche mit gefalteten Händen in den Speisesaal und setzen sich zum Frühstück an die langen Tische, während der Abt auf einer erhöhten Plattform Platz nimmt. Ein Novize wirft ein Reiskorn in den offenen Garten zum Preis des Himmels, der alle zeugt und nährt – ein uraltes Primitialopfer. Die vegetarischen Speisen werden schweigend genossen. In Prozession verlassen die Mönche wieder das Refektorium. Dann werden bestellte Seelenmessen von zwei bis drei Mönchen, gelegentlich auch von dem ganzen Mönchskonvent, in der Tempelhalle zelebriert. Die Novizen erhalten Unterricht; falls jedoch keine Ausbildungskurse für sie stattfinden, werden heilige Schriften ausgelegt. Um 12 Uhr wird das Mittagsmahl eingenommen. Dann werden Texte verlesen. Um 5 Uhr nachmittags findet eine Vesper in derselben Weise wie die morgendliche Mette statt, nur daß die Bußlitanei hinzugefügt wird. An Festtagen werden besondere Gottesdienste abgehalten, in Notzeiten Bittgottesdienste. In vielen Klöstern wird am Spätnachmittag noch eine leichte Mahlzeit eingenommen.

Ein großer Teil der freien Stunden ist für die Meditation und die Schulung in ihr bestimmt; doch ist diese zumeist nicht streng obligatorisch. In manchen Klöstern finden neunmal täglich solche Meditationen statt. Auf den Ruf der Trommel versammeln sich die Mönche und machen zunächst einen Dauerlauf durch die Korridore und dann durch die Meditationshalle. Hierauf setzen sie sich auf ihre Plätze. Der Exerzitienleiter sitzt auf einem erhöhten Platz und hält mit dem „duftenden Baum" in der Hand alle Meditierenden im Auge. Die Meditation dauert so lange, bis eine oder drei Räucherstangen abgebrannt sind, etwa eine bis 2¼ Stunden –

der aufsteigende, feine Rauch ist das Sinnbild für den geistigen Aufstieg in der Meditation. Wenn die Übung vorüber ist, geht der Instruktor zu den einzelnen Mönchen, um sie zu korrigieren oder auch zu schlagen. Einzelne Mönche setzen die Meditation in ihrer Zelle bis in die Nacht hinein fort. Für die Meditation sind die Regeln der „Meditationsschule“ maßgebend.
Das Leben der Nonnen, die vor allem der „Schule des Reinen Landes“ angehören, verläuft in gleicher Weise wie das der Mönche. Sie empfangen die gleiche Ordination und legen die gleichen Gelübde ab. Sie unterstehen der Leitung einer Äbtissin und feiern die täglichen gemeinsamen Gottesdienste unter der Begleitung von Musikinstrumenten. Unter dem Einfluß der katholischen und anglikanischen Nonnen üben sie auch Seelsorgearbeit unter den Frauen aus, unterrichten die Mädchen und sind karitativ tätig. Sie gehen in die Häuser, sammeln Geld und knüpfen viele Bande mit den Gläubigen an. Eine Nonne, die den kennzeichnenden Namen „Strahlendes Wohlwollen“ (*Tz'u-kuang*) trägt, nennt den Tag ihrer Gelübdeablegung den glücklichsten ihres Lebens – „nunmehr folge ich mit Freude im Herzen dem Wege Buddhas, ungestört durch weltliche Begierde und Sorge“.
Das chinesische Klosterleben zeigt auffallende Ähnlichkeit mit dem benedektinischen des christlichen Westens, sowohl im Tagesablauf wie im Gottesdienst. Das Mönchtum und Nonnentum besitzt große Bedeutung für das Leben der Laienwelt. Die Zahl der Mönche in China war schon vor dem kommunistischen Umschwung schwer zu ermitteln; sie wurde zwischen 400 000 und einer Million geschätzt, die Zahl der Nonnen auf ein Zehntel davon. Auch das Urteil von Kennern über den geistigen Hochstand des chinesischen Mönchtums ist nicht einheitlich. Sie betonen einerseits die große Unwissenheit, die Fremdheit gegenüber der modernen Welt, die Mechanisierung des religiösen Lebens und das Vorkommen von Verbrechen, andererseits die geistige Tiefe, die große Freundlichkeit, den religiösen Eifer, die weite Duldsamkeit, nicht zuletzt auch das Durchdrungensein von dem Gedanken der einen großen Menschheitsfamilie. Verfallserscheinungen des Mönchtums schließen auf buddhistischem Boden ebenso wie auf christlichem die Echtheit und den Ernst des monastischen Lebens bei vielen einzelnen wie bei ganzen Konventen nicht aus. Sicher aber hat in China etwas vom Besten des ursprünglichen Buddhismus sich erhalten. Der Amerikaner Pratt sieht die Bedeutung der buddhistischen Mönchsgemeinde für das Leben Chinas darin, daß sie „vor dem Gemüt und der Vorstellung des Volkes das Faktum Religion, die Realität des geistlichen Lebens wachhält“.
Zum Unterschied von den Mönchen und Nonnen stehen die Laien zum Buddhismus in einem relativ losen Verhältnis. Im weiteren Sinn muß man als Buddhisten alle diejenigen ansehen, welche buddhistische Mönche mit der Bestattung ihrer toten Angehörigen betrauen und für deren Seelenheil durch jene Messen lesen lassen. Im engeren Sinn müssen als Buddhisten die gelten, welche gelegentlich buddhistische Tempel besuchen und dort beten, im engsten Sinne jene, die förmliche Glieder einer Tempelgemeinde sind. Neben den Tempeln der größeren Klöster gibt es viele kleinere Tempel, an denen ein oder mehrere Mönche dienen. Dorthin gehen von Zeit zu Zeit die buddhistischen Laien, besonders die Frauen, um vor den Bildern sich zu verneigen, vor ihnen Opfergaben darzubringen, Kerzen und Räucherstangen anzuzünden, auch Almosen zum Besten der Ordensgemeinschaft

zu spenden, vor allem aber um Gelübde abzulegen und zu beten, aber auch, um von den Mönchen sich wahrsagen zu lassen. Auch Wallfahrten zu bestimmten Tempeln, zumal auf heiligen Bergen, sind sehr gebräuchlich. Dabei unterwerfen sich die Pilger oft verschiedenen Kasteiungen, tragen Ketten oder Sträflingskleider. Mögen auch ganze Familien gelegentlich an den Gottesdiensten teilnehmen, besonders am 1. und 15. des Monats, auf die Gesänge der Mönche oder Nonnen lauschen und selbst Preislieder rezitieren, so ist die Andacht der Laien im Tempel doch vornehmlich keine gemeinsame, sondern eine individuelle. Das Gebet der Laien umfaßt alle Stufen, vom naiven Bittgebet über das selbstlose Fürbittegebet bis zur mystischen Anbetung, vom Glauben an die Erhörbarkeit der Bitte bis zur Auffassung des Gebets als eines bloßen Mittels der Versenkung. Das Gebet ist größtenteils formelhaft und besteht in der Rezitation eines Lieblings-*Sutra*, noch häufiger aber in der 100- bis 5000maligen Rezitation des *Namo A-mi-t'o Fo*, wobei die Zahl durch einen Rosenkranz kontrolliert wird. Das dadurch erworbene

*Bild links:* Elfköpfige Kuan-yin als Göttin der Barmherzigkeit, die allen in Gefahr Befindlichen beistand. Steinrelief aus der T'ang-Dynastie.

*Bild rechts:* Eine auf den Wogen wandelnde Fee. Unter dem Einfluß des Buddhismus begannen Berg- und Wasserfeen im Volksglauben eine Rolle zu spielen. Man brachte sie mit den Unsterblichen in Verbindung und dachte sie sich auf allen Berggipfeln. Malerei nach Ch'ien Hsuan aus der Zeit der Yüan-Dynastie, 13. Jahrhundert.

Verdienst ist übertragbar; es kann, wie beim römisch-katholischen Ablaß, per modum suffragii anderen, zumal toten Angehörigen, zugewendet werden. Von besonderer Wichtigkeit sind für die chinesischen Laienbuddhisten die für die Toten zu Hause oder in den Tempeln abgehaltenen Gottesdienste, die in der Rezitation aus dem *Sukhawatiwjuha* bestehen und die Wiedergeburt der Verstorbenen im „Reinen Lande" des *A-mi-t'o Fo* bewirken sollen. Diese Gottesdienste werden von den Mönchen, aber auch von den Nonnen gehalten; dem Gebet der letzteren zur barmherzigen *Kuan-yin* wird eine besondere Kraft zugeschrieben. Wenn auch häufig die ganze Familie an einer solchen Totenmesse teilnimmt, so ist ihre Anwesenheit doch zur Erzielung des Zweckes nicht erforderlich, da die priesterliche Liturgie *ex opere operato* wirkt.

Obgleich die buddhistische Volksfrömmigkeit in China der Frömmigkeit anderer Religionen in vielem gleicht, ist sie doch durchdrungen von den typisch buddhistischen Idealen, vor allem dem universalen Mitleid. Aber auch die Liebe zum Tier, besonders zur Kuh, ist eine Frucht des Buddhismus. Gerade „die Gestalt der *Kuan-yin* in ihrer Schönheit und Güte hat einen unschätzbaren sittlichen Wert für die buddhistische Welt Chinas" (Pratt). Buddhistisches Denken und Fühlen hat sich so tief der chinesischen Seele eingeprägt, daß auch die kommunistische Umerziehung dieses Volkes es nur schwer wird entwurzeln können.

F. Heiler, Die Religionen der Menschheit in Vergangenheit und Gegenwart, Reclam, Stuttgart 1962, S. 325–334.

### *5.7.4 Das Paradies des Westens*

Das berühmteste aller buddhistischen Paradiese, in Wirklichkeit geradezu ein Komplex von Paradiesen, ist das Land Schukhawati, das „Paradies des Westens", über das Amitabha herrscht, ein früherer, legendärer, nicht mit dem historischen Buddha Schakjamuni identischer Buddha, der „Buddha des Unendlichen Lichts". Dieses Land des Glücks wird in unzähligen Texten wortreich beschrieben und diskutiert. Der in China älteste und einflußreichste unter ihnen ist das „Größere Schukhawati-wjuba-Sutra", das schon 252 n. Chr. unter dem Titel *Ta wu-liang-shou ching* („Großes Sutra des unendlichen Lebens") zum ersten Mal ins Chinesische übertragen wurde. Dort lesen wir eine eingehende Beschreibung, von der der folgende Auszug einen gewissen Begriff gibt:

„Der Buddha ist nicht verschwunden, auch nicht etwa noch nicht erschienen, sondern er, der Heilige, lebt jetzt, da er die höchste Stufe des Wissens erreicht hat... in der westlichen Sphäre, im Buddha-Land, das von dieser Welt 100000 niyutas von hotis von Buddhaländern entfernt ist, in der Welt, die Schukhawati heißt. Sein Name ist Amitabha, der Tathagata, der Heilige und vollkommen Erleuchtete. Er ist umgeben von unzähligen Bodhisattwas, verehrt von unendlich vielen Srawakas und im Besitz der unendlichen Vollkommenheit des Buddha-Landes. Das (von ihm ausstrahlende) Licht ist unermeßlich, man kann kaum sagen, wo es seine Grenze hat. ... An jedem Ende (dieses Landes), im Süden, Westen und Norden, im Zenit und am Nadir, an all diesen Enden sind 100000 niyutas von hotis von Buddha-Ländern, so zahlreich wie die Sandkörner im Ganges, und auch sie alle sind erleuchtet vom Licht dieses Bhagawat Amitabha... Diese Welt... ist blühend und reich, ein guter Platz zu leben, fruchtbar, lieblich und erfüllt von Göttern und Menschen. Es gibt dort weder Höllen noch Tiere, noch die Reiche der Totengeister, noch die Leiber von Asuras, noch (Menschen), die zur falschen Zeit geboren sind... Diese Welt duftet nach den verschiedensten süßen Wohlgerüchen. Sie ist reich an den verschiedensten Blumen und Früchten, geschmückt mit Edelsteinbäumen und belebt von Schwärmen der unterschiedlichsten süß zwitschernden Vögel, die vom Tathagata eigens geschaffen sind... Da sind goldene Bäume aus Gold, silberne Bäume aus Silber, ... beryllfarbene Bäume aus Beryllgestein, diamantene Bäume aus Diamanten... und Bäume, die aus... (allen erdenklichen Zusammensetzungen von Edelsteinen) gemacht sind. ... Da gibt es Lotosblüten mit einer halben yojana im Umfang... (und größer) aus purem Edelstein. Und von jedem dieser Edelsteine gehen 36mal 100 000 kotis von Lichtstrahlen aus, und von jedem dieser Lichtstrahlen wiederum entsteigen 36mal 100 000 kotis von Buddhas mit goldfarbenem Körper, die die 32 Zeichen des großen Mannes besitzen, die hingehen, das Gesetz zu lehren in den unermeßlichen und unzählbaren Welten im Osten. ... Da gibt es keine dunklen Berge in diesem Buddha-Land, nicht einmal Edelsteinberge, auch nicht Sumeru-Berge. Dieses Buddha-Land ist nach allen Seiten hin eben, lieblich wie die Fläche einer Hand, mit Gebieten voll von Edelsteinen und Schätzen aller Art. ... In diesem Land fließen die verschiedensten Flüsse, einige eine yojana breit, andre 20, 30, 40 oder 50 yojanas breit und bis zu 12 yojanas tief. All diese Flüsse sind herzerfrischend. Sie führen Wasser mit allerlei süßen Düften, auf denen Blumensträuße, mit allen erdenklichen Edelsteinen geschmückt, einhertreiben, und ihr Rauschen ist voll süßer Musik. Diese himmlische Musik kommt von Instrumenten, die aus 100 000 kotis von Teilen bestehen und von den erfahrensten Musikern gespielt werden... An den Ufern dieser Flüsse wachsen die verschiedensten Edelsteinbäume mit den herrlichsten Blüten, Blättern und Zweigen, die (bis ins Wasser) herabhängen. Wenn die Wesen, die an den Flußufern weilen, sich an himmlischen Freuden ergötzen wollen, so steigt das Wasser der Flüsse, sobald sie hineingegangen sind, wenn sie es so wollen, bis zu ihren Knöcheln; oder es steigt bis zu ihren Knien, wenn es ihnen so behagt, oder auch bis zu ihren Hüften oder Ohren, und himmlische Freude umfängt sie. Wenn sie das Wasser kalt haben wollen, wird es kalt, wenn sie es heiß haben wollen, heiß, wenn sie es heiß und kalt haben wollen, heiß und kalt, ganz wie sie es wünschen. ... In dieser Welt gibt es keinerlei Anzeichen von Sünde, Widrigkeit, Unglück, Trauer und Hinfälligkeit. Kein Laut des Schmerzes, selbst kein Laut, der aus einem Gefühl kommt, das weder Schmerz noch Freude ist, gibt es dort. ... Die Wesen in dieser Welt essen keine groben Speisen. Alles, was sie zu essen begehren, wird ihnen gewährt, als ob es herbeigebracht worden wäre, und sie werden davon froh an Körper und Geist. Sie brauchen (die Speisen) nicht einmal in den Mund zu nehmen. Und wenn sie, nachdem sie gesättigt sind, nach den verschiedenen Wohlgerüchen begehren, dann erfüllt sich das ganze Buddha-Land mit diesen Wohlgerüchen. .. Und wenn sie Musikinstrumente, Fahnen, Schirme, Mäntel, Puder, Salben, Kränze begehren, dann ist das ganze Buddha-Land voll dieser Dinge. ... Und wenn sie Schmucksachen begehren, Kopfschmuck, Ohrenschmuck, Halsschmuck, Arm- und Fußreifen, ... dann sehen sie, daß das ganze Buddha-Land davon erstrahlt. ... Und wenn sie einen Palast haben wollen in Farben und Verzierungen, in dieser oder jener Höhe und Breite, geschmückt mit hundert oder tausend Toren mit allen vorstellbaren Edelsteinen..., dann tauchen genau diese Paläste vor ihren Augen auf. ... In dieser Welt gibt es nicht den Unterschied zwischen Göttern und Menschen, nur vielleicht insofern, als daß man in einer gewöhnlichen, unvollkommenen Sprache eben noch von ihnen in dieser Terminologie sprechen muß. ... In diesem Land erwähnt man niemals Begriffe wie Feuer, Sonne, Mond, Planeten, Sternkonstellationen und Fixsterne oder auch (das Gegenteil) die Finsternis. Dort erwähnt niemand auch nur Tag und Nacht, außer der Tathagata selbst in seinen Gesprächen. ... In diesem Buddha-Land halten sich alle Wesen, die dort geboren wurden, geboren werden oder in Zukunft noch geboren werden, nur an die Wahrheit, bis sie ins Nirwana eingehen. ... Alle Bodhisattwas, die in diesem Land geboren wurden, geboren werden oder in Zukunft noch geboren werden, sind nur auf diese eine Geburt festgelegt und werden von dort aus tatsächlich das höchste Wissen erreichen. ... Alle Wesen in diesem Buddha-Land haben keine Vorstellung vom Eigentum. Alle, die durch dieses Land wandeln, fühlen weder Freude noch Pein. Wenn sie voranschreiten, verfolgen sie dabei keinen besonderen Wunsch, und mit Wünschen schreiten sie auch gar nicht voran. Sie denken an keinerlei andere Wesen. ... Sie haben keinen Begriff von anderen Wesen, keinen Begriff von einem Selbst, keinen Begriff von Ungleichheit, Streit, Auseinandersetzung oder Gegnerschaft. Voll Gleichmut und voll wohlwollender, zarter, liebevoller, starker, nützlicher, ernster, fester, unverwirrter Gedanken, voll von Vorstellungen, die sich auf die Ausübung der Ordnung und der jenseitigen Weisheit richten, haben sie ein Wissen erreicht, das eine starke Hilfe darstellt für das Denken, vergleichbar einem Ozean an Wissen, vergleichbar einem Meru-Berg an Wissen. ... Und so sind sie klug in der Untersuchung aller Dinge, vertraut mit dem Wissen um das Ende der Bewegung aller Dinge, indem sie selbst das noch erkennen, was nicht mehr sichtbar ist, indem sie sich um nichts kümmern, an nichts heften, indem sie frei von Sorgen sind, frei von Kummer, frei vom Hangen an irgend etwas, frei von Unreinheit. ... Sie übertreffen das Licht von Sonne und Mond mit dem Licht ihrer Weisheit und mit dem Glanze, der Reinheit und der Schönheit ihres Wissens ... So wie sie geduldig die guten und die bösen Taten der Menschen ertragen, gleichen sie der Erde; so wie sie die Flecken der Sünde reinigen und fortspülen, gleichen sie dem Wasser; so wie sie das Unheil des Stolzes ausbrennen, gleichen sie dem Äther; so, wie sie von der ganzen Welt nicht beschmutzt werden, gleichen sie den Lotosblüten; und so, wie sie das Gesetz verkünden, gleichen sie den großen Wolken in der Regenzeit."

Das „Paradies des Westens", wie es geschildert wird, spielte eine hervorragende Rolle in der „Reinen-Land-Sekte", die sich in der zweiten Hälfte des 3. Jhs. herausbildete und besonders auf die ungebildeten Volksmassen eine starke Anziehungskraft ausübte. Im Elend des Alltags befangen, setzten unzählige einfache Gläubige ihre letzten, glühenden Hoffnungen auf dieses gelobte Land, das nicht nur Glückseligkeit versprach, sondern darüber hinaus, wenngleich gegen alle buddhistische Logik, den unmittelbaren Übergang ins Nirwana. Viele Künstler ließen sich in ihrem Schaffen von der Vorstellung dieses Paradieses inspirieren, füllten als Maler die Wände von Andachtsgrotten und Tempeln mit den farbenprächtigen Darstellungen dieses herrlichen Ortes oder beschrieben ihn als Dichter in ihren Versen. Wegen ihrer Verwurzelung im Volk hat die „Reine-Land-Sekte" den Gegenangriff des Konfuzianismus, der im 9. Jh. begann und sich in erster Linie die Wiedereroberung der Bildungsschicht zum Ziel gesetzt hatte, am besten überstanden und wurde dadurch in neuerer Zeit nicht nur in China, sondern auch in Japan zu einer der stärksten Komponenten im modernen, kirchlich organisierten Buddhismus. Nicht so sehr die einzelnen Qualitäten des in den Raum gezeichneten Ideallandes waren es, die die Phantasie des Volkes beflügeln und ihnen sogar in Geheimgesellschaften bisweilen politische Wirklichkeit verleihen konnten, als vielmehr die Hoffnungen, die es rein als Ideal bereits in den Herzen der Menschen zu wecken verstand. So riesig nämlich die Räume auch waren, die die aus Indien übernommene Schilderung zunächst aufriß, so sehr man in Ehrfurcht erschaudern mochte angesichts dieser Berührung mit einer fast unwirklichen Ewigkeit, so sehr neigte doch am Ende der praktische Sinn der Chinesen dazu, aus den kosmischen Maßstäben wieder menschliche zu machen, um so von dem unendlichen Licht des Jenseits einige Strahlen ins Diesseits zu lenken: Das Paradies wurde unter chinesischem Einfluß kleiner, dafür aber auch lebensnäher und im gesellschaftlichen Sinne wieder besser faßbar.

W. Bauer, China und die Hoffnung auf Glück, dtv 4158, München 1974, S. 224–227.

### *5.7.5 Die Entwicklung des chinesischen Buddhismus von 1850 bis heute*

*1850–1949*
Die meisten westlichen Autoren haben den chinesischen Buddhismus des Jahrhunderts vor dem kommunistischen Sieg als im Aussterben begriffen dargestellt. Es ist wahr, daß dieses Jahrhundert eine Zeit immer schnelleren Wandels war. Das Mönchtum wurde zusehends schwächer, während die Aktivität der buddhistischen Laien stark zunahm. Trotzdem gab es im Jahre 1930 immer noch über 500 000 Mönche und 200 000 Nonnen. Ungefähr 10 % der Mönche lebten in großen öffentlichen Klöstern, die übrigen in kleinen Tempeln, die ihnen persönlich gehörten. Keinerlei formelle Hierarchie hielt den sangha (Mönchsorden) zusammen. Jetzt wie früher war die größte Einheit in China das Kloster und das höchste Amt das des Abtes. Dies bedeutete, daß es keine Instanz gab, die einen einheitlichen Standard aller Klöster bestimmte. Daher gab es viele Unterschiede; manche Klöster waren vorbildlich, während andere verkommen waren. Von 1850–1949 hatte in den meisten berühmten Klöstern Nordchinas und in vielen Südchinas die Zahl der *Mönche und Nonnen* abgenommen, ebenso Spenden und Einkommen von Landbesitz und auch der Eifer der religiösen Übungen. Im Jahre 1930 gab es in Zentralchina zwanzigmal mehr Mönche im Vergleich zur Bevölkerung als in den meisten der nördlichen und südlichen Provinzen.

*Verteidigung des Klosterbesitzes:*

Zwischen 1898 und 1906 begann die Regierung, im Verfall begriffene Klöster zu enteignen und als Schulen zu benutzen. Aus diesem Grunde fingen einige Mönche an, der Enteignung vorzubeugen, indem sie selber Schulen gründeten. Diese sollten den jüngeren Mönchen eine bessere Kenntnis der buddhistischen Lehre und einige Kenntnisse in Naturwissenschaft, Geschichte und anderen modernen Disziplinen vermitteln. Sie halfen dem Ruf der Unwissenheit und Rückständigkeit der Mönche entgegenzuwirken und diese zu befähigen, öffentlich zu predigen, so daß der sangha mehr Anhänger und mehr Unterstützung gewinnen konnte bei seinen Bemühungen, seinen Landbesitz zu wahren. Über 70 solcher Seminare wurden in der Zeit von 1904 bis 1949 gegründet. Die meisten waren nur einige Jahre lang in Betrieb, doch bildeten sie im ganzen viele Tausende von Mönchen aus.
Die Mönche gründeten auch Waisen- und Krankenhäuser, oder sie beschäftigten sich mit dem Neudruck heiliger Schriften oder mit der Veröffentlichung buddhistischer Zeitschriften. Ungefähr 70 Zeitschriften, die meisten davon nur kurzlebig, wurden in der republikanischen Zeit veröffentlicht.
Eine andere Selbstschutzmaßnahme war die Gründung der Chinesischen Buddhistischen Gesellschaft im Jahre 1929. Diese Vereinigung unterstand dem *sangha*; sie zählte nach einiger Zeit über 4 Mill. Laienmitglieder und wirkte mit Erfolg zum Schutz des Klosterbesitzes. Nachdem ein gesetzlicher Schutz (besonders durch die Bestimmungen vom 7. Dez. 1929) erreicht war, mußte sich die Gesellschaft noch gegen Lokalbeamte wehren, die versuchten, Tempel illegal oder unter dem Vorwand der Legalität zu enteignen.

Der Schutz des Klosterbesitzes war nicht der einzige Antrieb für die zunehmende weltliche Aktivität des sangha. Immer mehr Mönche meinten, daß sie mit Seminaren, Vorträgen und Veröffentlichungen ihre Pflicht erfüllten, die Lehre (*dharma*) zu verbreiten, und daß Waisen- und Krankenhäuser das Ideal der Barmherzigkeit verwirklichen konnten. Es bestand auch der Wunsch zu zeigen, daß Buddhisten auf diesen Gebieten genauso aktiv sein konnten wie die Christen.
Trotz all dieser Bemühungen, ihre Existenzberechtigung zu beweisen, litten die Klöster zunehmend unter einem Schwund ihrer Einkommen. Nach 1927 breiteten sich Unruhen auf dem Lande aus, und mehr und mehr Pächter weigerten sich, ihre Pacht ganz oder auch nur teilweise zu bezahlen, ermutigt teils durch die nationalistische Parole „Jedem Pflüger sein Feld!", teils durch kommunistische Agitation. Bedingt durch den Krieg hatten die Gläubigen nach 1937 immer weniger Geld, um Spenden zu geben und um Totenriten zu vergüten. Überdies waren die Totenriten immer weniger gefragt, je mehr bei der Stadtbevölkerung das Familiensystem zerfiel. Alle diese Tendenzen ließen weitsichtigere Mönche auf zukünftige Unterstützung durch die Laienbewegung hoffen, deren Aufschwung gleichzeitig mit dem Niedergang der Klosterwirtschaft einsetzte.

*Die buddhistische Laienbewegung:*

Um 1920 bildeten sich in den größten Städten die ersten buddhistischen Laienvereine und -gesellschaften. Um 1937 gab es Dutzende davon. Alle ihre Mitglieder waren Laien; reiche Geschäftsleute oder ältere Beamte hatten die Führung. Mit dem von begeisterten Gläubigen gestifteten Geld eröffneten sie Schulen für arme Kinder, Kranken- und Waisenhäuser; sie organisierten Hilfe für die Opfer von Bränden und Überschwemmungen, und sie erwarben sich religiöse Verdienste durch das Freilassen von Tieren, Vögeln oder Fischen. In manchen Vereinen hielten Mitglieder Vorträge über die heiligen Schriften, veranstalteten Morgen- und Nachmittagsandachten und gelegentlich Wochen intensiver Meditation nach den Regeln der Schule des Reinen Landes, genauso wie Mönche in einem Kloster es getan hätten. Beamte, die in den Vereinshäusern wohnten, lebten oft vegetarisch und ehelos. Auf diese Weise verwischte sich langsam der Unterschied zwischen dem sangha und dem Laienstand.

*Rolle des Buddhismus in der Politik:*

Die Mönche wurden in China immer als außerhalb der säkularen Welt lebend betrachtet. Besonders im 19 Jh. vermieden die Mönche es, sich in die Politik hineinziehen zu lassen in dem Gedanken, daß, wenn sie sich aus den Angelegenheiten des Staates heraushielten, der Staat sich auch weiterhin nicht in die ihren einmischen würde. Sie meinten auch, daß das Befassen mit der Politik in den Augen der Spender ihre Reinheit vermindern könne. Sie unterhielten höchstens freundliche Beziehungen zu leitenden politischen Persönlichkeiten, von denen sie Hilfe erbaten, um ihren Besitz zu beschützen oder um verlorenen Besitz zurückzuerlangen. Niemals war der chinesische Buddhismus ein Symbol nationaler Identität geworden, so wie das in Birma und Ceylon der Fall war. Besonders die Jugend betrachtete ihn als altmodisch und irrelevant für den Aufbau der militärischen und wirtschaftlichen Macht der Nation. Jedoch wußten die chinesischen Buddhisten von den nationa-

Eines der größten Feste in neuen China ist der 1. Oktober, der Nationalfeiertag. Sogar die letzten der taoistischen und buddhistischen Mönche zeigen ihren Patriotismus und demonstrieren zusammen mit dem Einwohnerkomitee ihrer Stadt. Die Lotusblumen aus Papier sind ein Symbol des Buddhismus.

len buddhistischen Erweckungsbewegungen in anderen asiatischen Ländern und versuchten, mit ihnen in Verbindung zu treten. Sechs ceylonesische Mönche wurden in den 1930er Jahren eingeladen, durch China zu reisen und Therawada-Lehren zu predigen, während mindestens doppelt so viele chinesische Mönche zum Studium nach Ceylon, Thailand und Birma gingen. Die Chinesen waren geneigt, den Anspruch des Therawada, dem ursprünglichen Buddhismus, näher zu sein, anzuerkennen, und sie fühlten sich angezogen durch das Ideal ökumenischer Zusammenarbeit zur Bekehrung der ganzen Welt.

Die Beziehungen zu Japan waren anderer Art. Im Jahre 1876 hatte der Tempel Higashi Honganji der Jodo Shinshu-Sekte einen Zweigtempel in Shanghai gegründet. Dies war die erste japanische Mission in China, und andere folgten bald. Ihre erklärte Absicht war es, den „verfälschten" chinesischen Buddhismus durch den japanischen zu ersetzen. Insgeheim jedoch bestand ein Plan, Missionare als Spione und Missionshäuser als *casus belli* zu benutzen (letzteres geschah tatsächlich im Jahre 1900 in Amoy). Bis zur Invasion von 1937 gewannen sie nur wenige Anhänger, danach jedoch fanden es viele Chinesen unumgänglich, in einer komplizierten Hierarchie von chinesisch-japanischen buddhistischen Organisationen mitzuarbeiten; diese lösten sich 1945 in nichts auf.

Ebenso, wie die Japaner hofften, den Buddhismus für die politische Durchdringung Chinas benutzen zu können, so hofften die Chinesen, mit seiner Hilfe Tibet wiedergewinnen zu können. Führende tibetische Persönlichkeiten, die sich mit Lhasa nicht vertrugen, wurden eingeladen, in China zu leben und den tibetischen Buddhismus zu verbreiten, der bald zur Mode wurde. Etwa ein Dutzend chinesischer Mönche gingen zum Studium nach Tibet und versuchten nach ihrer Rückkehr, tantrische Elemente in die chinesische Praxis einzuführen. Dies hatte ebensowenig Wirkung auf die große Mehrzahl der Mönche und Gläubigen wie die Bemühungen derer, die Therawada-Elemente einführen wollten. Eine führende Rolle in all diesen Verbindungen mit dem Ausland spielte *Tai-hsü*, der auch die fünf modernsten Seminare (1922 als erstes das Wu-ch'ang-Seminar) und die langlebigste buddhistische Zeitschrift (*Hai-ch'ao yin*, 1920 bis jetzt) gegründet hat.

*Schulrichtungen:*

Im traditionellen China gehörte jedes Kloster der Schulrichtung des Mönches an, der es gegründet oder neubelebt hatte; und jeder Mönch gehörte zu der Schule seines Meisters. Somit ist die erste Bedeutung des Wortes „Schulrichtung" (eher als „Sekte") eine genealogische. In diesem Sinne gehörten alle chinesischen Klöster und Mönche der Ch'an-Schule an, obwohl nur einige wenige die Ch'an-Meditation praktizierten. Während der republikanischen Periode gab es mehr und mehr Opposition gegen dieses genealogische Verständnis der Schulen, da es Reformern wie T'ai-hsü erschwerte, über wichtige Klöster Kontrolle zu gewinnen. Neues Interesse erwachte für die seit der T'ang-Zeit praktisch in Vergessenheit geratene Yogatscharin-(Fa-hsiang-)Schule, ferner für die T'ien-t'ai- und die Awatamsaka-Schule, deren Texte oft erläutert wurden von der wachsenden Zahl öffentlicher Redner in Verbindung mit einer intensiveren, von Yin-kuang formulierten Praxis der Schule des Reinen Landes. Interesse erwachte auch für den tantrischen Buddhismus, der nicht nur von Tibet, sondern auch von Japan neu eingeführt wurde. Man kann sagen, daß die Ch'an-Schule im ganzen an Popularität verlor, da ihre Betonung der religiösen Übungen nicht mit der wachsenden weltlichen Betätigung übereinstimmte. Trotzdem genossen Ch'an-Klöster wie Chin Shan in Chenchiang und Kao-min Ssu in Yang-chou weiterhin größte Hochachtung und *Hsü-yün*, ein Ch'an-Abt, hatte von allen Mitgliedern des *sangha* die größte und einflußreichste Gefolgschaft.

## *Der Buddhismus in der VR*

Die chinesischen Kommunisten vermieden lange Zeit militantes antireligiöses Vorgehen. Schon 1927 sah Mao Tse-tung, daß solches Vorgehen sich gegenteilig auswirken könne, und warnte, daß das Zertrümmern der Götterstatuen die Bauernschaft gegen die Kommunisten einnehmen und somit den Grundherren dienen könne. Statt dessen war es sein Programm, die objektiven Ursachen der Religion (Ausbeutung und Unwissenheit) zu beseitigen, damit sie von selbst sterben würde. Die Verfassung von 1954 garantiert die religiöse Glaubensfreiheit. Dies wurde so ausgelegt, daß das Volk frei war, sich innerhalb der Tempel religiös zu betätigen, aber nicht außerhalb. Im Jan. 1951 wurde ein Büro für religiöse Angelegenheiten eingerichtet. Unter seiner Aufsicht wurde im Frühjahr 1953 eine neue Chinesische Buddhistische Gesellschaft gegründet, welche Anordnungen der Regierung an buddhistische Kreise weitergeben und über deren Tätigkeit der Regierung berichten sollte. Ihr erster Präsident war Yüan-ying, der schon 1929 die vorherige Buddhistische Gesellschaft gegründet hatte. Unter den Ehrenpräsidenten waren Hsü-yün und der Dalai Lama. Auf diese Weise wurde eine Fassade der Kontinuität und Autentizität gebildet, hinter der die Regierung daran arbeitete, die Buddhisten zu mobilisieren und sie in ihr Programm einzuordnen.

Das erste dieser Programme und dasjenige, welches den *sangha* am schwersten traf, war die Bodenreform. 1950–1952 wurde der Landbesitz der Klöster enteignet, und dafür wurden den Mönchen viel kleinere Mengen minderwertigen Landes zugeteilt. Die Mönche mußten sich nun durch ihre eigene Landarbeit erhalten, und weil viele alt waren und andere wenig Erfahrung mit Landarbeit hatten, ging ihre Lebensmittelversorgung zurück. Hunger und Angst veranlaßten 90% der chinesischen Mönche, in den Laienstand überzutreten und gewöhnliche Arbeiter zu werden; die Übriggebliebenen wurden in den berühmten Klöstern zusammengefaßt. Ungefähr hundert solcher Klöster wurden auf Regierungskosten instandgesetzt oder wiederaufgebaut, teils, um sie als historische Denkmäler zu erhalten, teils, um auf ausländische Besucher aus buddhistischen Ländern guten Eindruck zu machen. Zwischen 1951 und 1964 reisten viele solche Besucher durch China. In jeder größeren Stadt zeigte man ihnen mindestens ein großes schön restauriertes Kloster mit Mönchen, die für diese Gelegenheiten ihre guten Gewänder anzogen und Sutren rezitierten. Die Ausländer konnten sich kein Bild davon machen, wie sehr das Klosterleben sich verändert hatte. Den Klöstern wurde nahegelegt, keine Wandermönche mehr zu beherbergen, religiöse Feste wurden als „Verschwendung“ betrachtet und Mönche, die für die Ausübung von Zeremonien Geld annahmen, liefen Gefahr, beschuldigt zu werden, „die Massen mit Aberglauben zu betrügen“. Solche, die neue Mönche ordinierten, konnten beschuldigt werden, „unverantwortlich“ Schüler anzunehmen und schlechten Elementen eine Chance zu geben, im *sangha* unterzuschlüpfen. Nach 1957 wurden keine Weihen mehr erlaubt.

Um den Buddhismus der „neuen Zeit“ anzupassen, versuchten die Buddhistische Gesellschaft und ihre Zeitschrift *Hsien-tai fo-hsüeh (Der moderne Buddhismus)* für folgende Ideen einzutreten: 1. Produktive Arbeit ist der beste Weg zur Erfüllung des Bodhisattwa-Gelübdes; 2. das Leben im Kollektiv hilft das Ichbewußtsein vermindern und vermehrt die Chancen, dem Zyklus der Wiedergeburten zu entrinnen; 3. das Westliche Paradies ist von der KP hier auf Erden verwirklicht worden; 4. die richtige Auffassung von der buddhistischen Barmherzigkeit ist es, schlechte Menschen zu töten, um gute Menschen zu retten. Solche Ideen, in Verbindung mit der Lektüre der *Volkszeitung* und der Werke von Marx und Mao Tse-tung, wurden von Mönchen in politischen Studiengruppen diskutiert. Diese Studienkurse wurden in vielen Klöstern abgehalten und waren auch Teil des Lehrplans des chinesischen buddhistischen Seminars, das 1956 in Peking entstand. (Alle anderen Seminare waren inzwischen längst geschlossen worden.) Der Zweck dieses Seminars war es, eine kleine Anzahl von buddhistischen Gelehrten und eine größere Anzahl von berufsmäßigen Verwaltern für die noch verbliebenen Klöster auszubilden. Fünfzig bis hundert Mönche durchliefen jährlich dieses Seminar.

Um seine Ehrfurcht vor dem Buddha zu demonstrieren, sandte Peking den „Zahn des Buddha“ auf eine Rundreise nach Birma (1955/56) und Ceylon (1961) und baute zur Aufbewahrung dieser Reliquie eine schöne neue Pagode außerhalb der Hauptstadt. Zwei internationale buddhistische Konferenzen wurden in Peking abgehalten (1963/64), um den Buddhisten Süd-Vietnams zu helfen. Trotz alledem gelang es nicht, die wichtigste internationale Buddhistenorganisation, die Weltvereinigung aller Buddhisten (World Fellowship of Buddhists), unter chinesische Kontrolle zu bringen. Dies trug bei zu der Unzufriedenheit des Regimes mit seiner Religionspolitik; man war nicht mehr bereit zu warten, bis die Religion von selbst verschwand. Artikel erschienen, die die aktive Unterdrückung der Religion befürworteten. *Hsien-tai fo-hsüeh* stellte Ende 1964 sein Erscheinen ein; mit dem Ausbruch der *Großen Proletarischen Kulturrevolution* 1966 gab die Buddhistische Gesellschaft ihre Tätigkeit auf; man lud keine buddhistischen Besucher aus dem Ausland mehr ein. Fünf Jahre lang gelangte keinerlei Nachricht über den chinesischen Buddhismus mehr ins Ausland. 1971 wurden ein oder zwei Tempel als Museen wiedereröffnet. Aber zur Zeit (1972) ist es unmöglich zu sagen, ob religiöse Betätigung wieder erlaubt wird oder nicht. Die Chinesen sind immer sehr geschickt darin gewesen, sich der jeweiligen Orthodoxie anzupassen und privat ihre eigenen Ansichten weiterhin beizubehalten. Es bleibt abzuwarten, wie lange es ihnen gelingen wird, solche buddhistischen Vorstellungen wie Karma, Wiedergeburt, Erleuchtung und Barmherzigkeit weiter zu bewahren.

W. Franke (Hrsg.), China Handbuch, Westdeutscher Verlag, Opladen 1978, Sp. 181–186.

# Register der nichtchinesischen Begriffe

Das Zeichen ' gibt den Ton an; die unmittelbar folgende Silbe wird betont. Das Zeichen : gibt die Länge des vorangehenden Vokals an. Beide Zeichen gelten für Sanskrit- und Paliwörter. m. = maskulin, f. = feminin, n. = neutrum.

| | |
|---|---|
| Adibuddha | im Amidismus der persönliche, barmherzige Gott als Urgrund des Seins; |
| Amitabha-Buddha | chin. O-mi-t'o, bedeutendster Buddha, der über das Paradies herrscht |
| Animismus | Glaube an Seelen- und Geisterwesen, die dem Menschen gleichen |
| Anthropologie | Lehre vom Wesen des Menschen |
| 'Arhat *m.* | Bezeichnung der Jünger Buddhas und besonders frommer Mönche (Heiliger) |
| Awalo:ki'te:schwara *m.* | der meist verehrte Bodhisattwa; er thront an der Seite Amitabha-Buddhas und verkörpert das Mitgefühl, chin. Ta-shih-chih |
| 'Bo:dhi'dharma | Begründer des Zen-Buddhismus (Anfang 6. Jhdt.) |
| Bo:dhi'sattwa *m.* | Ein werdender Buddha, der kurz vor dem Eingehen ins Nirwana haltmacht, um den Menschen zu erlösen |
| Buddha *m.* | der Erleuchtete, der ins Nirwana eingeht |
| 'De:wa *m.* | Schutzgott |
| 'Dharma'ka:ra | Weltliche Gestalt des Amitabha-Buddha, legendärer Begründer des Amidismus |
| Dhja:na *n.* | Meditation, chin. Ch'an |
| Dreikorb | chinesischer (Tripitaka). Bezeichnung des im Mahajana gültigen Kanons |
| Hina'ja:na *n.* | Kleines Fahrzeug |
| Jadekaiser | Seit dem 14. Jhdt. höchster Gott der chin. Volksreligion |
| Karma | das freie Handeln eines Menschen, von dem die Form seiner Wiedergeburten abhängt (buddh.) |
| 'Kuma:ra'dschi:wa | Indischer Mönch, bedeutendster Übersetzer buddhistischer Schriften (344–413) |
| Maha'ja:na *n.* | Großes Fahrzeug |
| Maitri *f.* | Mitgefühl, Barmherzigkeit (buddh.) |
| Maitreja *m.* | Buddha der Zukunft |
| Mao Tse-tung | (1893–1976) |
| Nir'wa:na *n.* | das Erlöschen in seliger Ruhe als erhoffter Endzustand (= Erlösung) (buddh.) |
| Pagode *f.* | Stockwerkbau mit einer immer ungeraden Anzahl von vorkragenden Stockwerken, die die übereinander getürmten Weltenebenen symbolisieren. Zugleich als Reliquienschrein unentbehrlicher Bestandteil jeder Tempelanlage im Mahajana |
| 'Pa:li: *n. u. f.* | Mittelindische Literatursprache, heilige Sprache des Buddhismus |
| Sam'sa:ra *m.* | Kreislauf der Wiedergeburten, Quelle allen Übels, hiesige Welt mit all ihren Eigenschaften (Gegensatz: Nirwana) |
| 'Sanskrit *n.* | Altindisch. Die Sprache der alten buddhistischen Texte |
| Siddharta Gautama | Name des irdischen Buddha |

| | |
|---|---|
| 'Sukhawatiwjuha | Wichtigste heilige Schrift des Amidismus (verm. 2. Jhdt. n. Chr.) |
| 'Su:tra *m.* | Lehrtexte und Aussprüche, die direkt auf den Buddha zurückgeführt werden |
| 'Tuschita-Himmel | Aufenthaltsort Siddharta Gautamas, bevor er sich als weißer Elefant auf die Welt begab. Zugleich auch Wohnort des Maitreja-Buddha |
| Urbuddha | siehe Adi-Buddha |
| Wai'ro:tschana *m.* | einer der fünf Buddhas des Amidismus |
| Wuismus | die Religion der Schamanen in China |

## Liste der chinesischen Begriffe

Zur Aussprache des Chinesischen: In diesem Band wurde durchgehend die wissenschaftlich übliche Transkription nach Wade-Giles (W/G) verwendet. Die chinesischen Begriffe stehen deshalb in dieser Transkription an erster Stelle. Danach folgt an zweiter Stelle die Pinyin-Transkription (P), die seit 1. 1. 1979 von der VR China für die Umschrift aus dem Chinesischen verpflichtend gemacht wurde. Pinyin wird in Zukunft wohl die einzige Umschrift sein. Ist der Begriff auch eingedeutscht, steht bei der Pinyin-Umschrift in Klammern kursiv die im Deutschen übliche Form. Es folgt nun die vom Deutschen abweichende Aussprache von Wade/Giles mit dem entsprechenden Pinyin-Zeichen (nur die wichtigsten Zeichen).

| *Wade-Giles* | *Pinyin* | *Annähernde Aussprache* |
|---|---|---|
| j | r | *R*abe |
| p | b | *B*all |
| p' | p | *P*ur*p*ur |
| t | d | *d*ort |
| t' | t | *T*ee |
| k | g | *G*old |
| k' | k | *K*älte |
| h | h | Buc*h* |
| ch | j | engl. *j*eer (ch/j nur vor hellen Vokalen) |
| ch' | q | engl. *ch*eap (ch'/q nur vor hellen Vok.) |
| hs | x | Bü*ch*er |
| ch | zh | engl. *j*ug (ch/zh nur vor dunklen Vokalen) |
| ch' | ch | engl. *ch*ug (ch'/ch nur vor dunklen Vokalen) |
| Ch'an | Chan | Eine der zehn Schulen des chin. Buddhismus (Zen-Buddhismus, Meditationsschule); |
| Chang Tao-ling | Zhang Dao-ling | Schamane des 1. Jhdt. n. Chr., der die taoistischen Gemeinden begründet haben soll; |
| Chang Yüan-hsien | Chang Yuan-xien | Seit 1970 Himmelsmeister (Oberpriester des Taoismus in Taiwan); |
| Ch'i | Qi | die Materie (bei Chu Hsi 1130–1200); |
| Chiao | Jiao | taoistisches Fest; |
| Chih Tun | Jih Dun | Bedeutender amidistischer Mönch (314–366); |
| Ching-t'u-tsung | Jing-tu-zong | siehe Schule des Reinen Landes; |
| Chou | Zhou | Dynastie von 1122–249; |
| Chuang-tzu | Zhuangzi | Bedeutender Denker des Taoismus (4. Jhdt. v. Chr.) |

| | | |
|---|---|---|
| Chu Hsi | Zhu Xi | Konfuzianischer Theologe (1130–1200); |
| Ch'un Ch'iu | Chun Qiu | Frühlings- und Herbstannalen des Konfuzius; |
| Chung yung | Zhong yong | Wichtige konfuzianische Schrift; |
| Hou Chi | Hou Qi | Gott des Getreides; |
| Hsiao | Xiao | Ehrfurcht; |
| Hsiao-hsün | Xiao-xun | Gehorsam gegenüber den Eltern; |
| Hsin Hsüeh | Xun Xue | Die idealistische, konfuzianische Schule des Lu Chiu-yüan (1139–1193); |
| Hsün-tzu | Xunzi | Das Ideal des vollkommenen Menschen |
| Hsün-tzu | Xunzi | Philosoph des 3. vorchr. Jhdt.; |
| Hun | Hun | Geistseele des Menschen; |
| I Ching | Yijing | Ältestes Buch des konfuzianischen Kanons; |
| Jen | Ren | Tugend, Güte, Großherzigkeit, Mitmenschlichkeit; |
| K'ung Fu Tzu | Kong Fu Zi *(Konfuzius)* | |
| Kuanyin | Kuanyin | Göttin der Barmherzigkeit, Verkörperung des Bodhisattwa Awalokiteschwara (jap. Kwannon); |
| Li | Li | Riten, Zeremonien |
| Li | Li | Die umfassende Weltvernunft bei Chu Hsi (1130–1200); |
| Li Chi | Li Ji | Das Buch der Riten; |
| Lieh-tzu | Liezi *(Liä Dsi)* | Chinesischer Philosoph (Taoist), um 500 v. Chr.; |
| Li Hsüeh | Lu Xue | Die rationalistische Schule des Chu Hsi; |
| Liu Chuang | Liu Zhuang | siehe Ming Ti; |
| Lo-han | Lohan | chin. für Arhat (s.d.); |
| Loyang | Loyang | Hauptstadt der Chou; |
| Lu Chiu-yüan | Lu Jiu yuan | Konfuzianer (1139–1193); |
| Lu Hsiu-ching | Lu Xiu-jing | Begründer des taoistischen Kanons (406–447); |
| Lun Yü | Lun Yu | „Gespräche" des Konfuzius; |
| Lu-shena | Lu-shena | sanskr. Lotschana, einer der fünf Buddhas des Amidismus; |
| Lü Tung-pin | Lü Dong-bin | Beschützer der heiligen Schriften des Taoismus, einer der acht Unsterblichen |
| Mi-lo-fo | Mi-lo-fo | Maitreja-Buddha |
| Ming-Ti | Ming-di | Kaiser der Han-Dynastie, regierte von 29–76 n. Chr. Er soll den Buddhismus in China eingeführt haben (eigentlicher Name Liu Chuang) |
| O-mi-t'o | O-mi-to | chin. für Amitabha-Buddha |
| Pa-hsien | Ba-xien | Die acht Unsterblichen des Taoismus |
| Po | Bo | Die animalisch-lebenskraftspendende Seele |
| Ssu-ma Ch'ien | Ssu-ma qien | Der Biograph Laotses (um 100 v. Chr.) |
| Ssu-shu | Ssu-shu | Die vier klassischen Bücher des Konfuzianismus, Teil des Kanons |
| Shang-ti | Shang-di | „Herr des Himmels", meist synonym mit T'ien |
| Shan-tao | Shan-dao | Wichtigster Theologe des Amidismus (7. Jhdt.) |
| She | She | Gott des Erdbodens |
| Shih Ching | Shih Qing | „Buch der Lieder", Teil des konfuzianischen Kanons |
| Shih Huang Ti | Shih Huangdi | Titel des Kaisers seit 221 v. Chr. bedeutet: Erhabener Kaiser des Anfangs |

| | | |
|---|---|---|
| Shu Ching | Shu Qing | „Buch der Urkunden", Teil des konfuzianischen Kanons |
| Ta Hsüeh | Da Xueh | „Große Wissenschaft", Teil des konfuzianischen Kanons |
| T'ai Chi | Tai Qi | Die höchste, letzte Weltvernunft bei Chu Hsi |
| Tai Tung yüan | Dai dong yuan | Konfuzianischer Gelehrter (1723–1777) |
| T'ang | Tang | Dynastie (618–907) |
| Tao | Dao | „Pfad, Weg, Weltengesetz" |
| Tao-te-ching | Daodejing | Wichtigstes Buch des Taoismus |
| Ta-shih-chih | Da-shih-qih | siehe Awalokiteschwara |
| Te | De | Die einzelne Tugend |
| T'ien | Tien | Der Himmel als oberste unpersönliche Macht (vgl. auch Shang Ti) |
| T'ien-shen | Tien-shen | siehe Dewa |
| Tung Chung-shu | Dong Zhong-shu | Konfuzianischer Gelehrter (179–104 v. Chr.) |
| Wang Ch'ung | Wang Chong | Konfuzianischer Gelehrter (27–100 n. Chr.) |
| Wang Yang Ming | Wang Yang Ming | Konfuzianischer Gelehrter der idealistischen Schule (1472–1529) |
| Wu | Wu | Han-Kaiser (140–86 v. Chr.) |
| Wu Ching | Wu Jing | Die fünf Klassiker des Konfuzianismus, erster Teil des Kanons |
| Wu Wei | Wu Wei | Das Nicht-Handeln als Prinzip der Weltbewältigung |
| Yang | Yang | Das männliche Prinzip des Kosmos |
| Yao-shih Fo | Yao-shih Fo | Einer der fünf Buddhas des Amidismus |
| Yi | Yi | Die Rechtschaffenheit |
| Yin | Yin | Das weibliche Prinzip des Kosmos |

# Liste der zur Zeit erhältlichen Taschenbücher

(Stand Herbst 1982)

Die Bücher, die ausführlich das Thema „Chinesische Religionen" behandeln, sind mit ▶ gekennzeichnet.

1 Altchinesische Fabeln (RT 7)
2 Aschenbach, In China bleibt man länger jung (Knaur 3648)
3 Baar, Erotische Geschichten aus China (Fischer 2616)
4 Baar, Sagen aus China (Fischer 2825)
▶ 5 Bauer, China und die Hoffnung auf Glück (dtv 4158)
6 Breuer, Kolumbus war Chinese (dtv 1482)
7 Broyelle, Die Hälfte des Himmels. Frauenemanzipation in China (Polit.-T. 49)
8 Broyelle/Broyelle/Tschirhart, Zweite Rückkehr aus China (Polit.-T. 77)
9 Chesneaux, Weißer Lotus, rote Bärte (WaT 15)
10 Chickel, China – Die Revolution der Literatur (Hanser 18)
▶ 11 China (roro-Life-Bildsachbuch 25)
12 Chinesische Gedichte (Fischer 703)
▶ 13 Chinesisches Kaiserreich (FW 19)
14 Chinesische Küche (Heyne Pr 4014)
15 Chinesische Lyrik (GGT 1402)
16 Chinesische Weisheiten (Heyne exlib 37)
17 Da Liu, „Tao" der Gesundheit und Lebensfreude (Fischer 3389)
18 Debon, Chinesische Dichter der Tang-Zeit (Reclam 8910)
19 Deleyne, Die chinesische Wirtschaftsrevolution (roro 1550)
20 Döbereiner, Chinesisch-abendländische Astrologie (Heyne Pr 4703)
▶ 21 Edsman, Die großen Religionen Asiens (UTB 448)
22 Elliot, Die chinesische Astrologie (Heyne Pr 4591)
23 Etiemble, China (Heyne A & A 1)
24 Frank/Bauer, Die goldene Truhe (Bastei 10033)
▶ 25 Franke/Trauzettel, Das chinesische Kaiserreich (FW 19)
▶ 26 Granet, Das chinesische Denken (dtv 4362)
27 Granet, Die chinesische Zivilisation (dtv 4361)
28 Han Suyin, Das China Mao Tse-tungs (BSR 52)
29 Han Suyin, Chinas Sonne über Lhasa (Knaur 3623)
30 Han Suyin, Der Flug des Drachen (GSb 11209)
31 Han Suyin, Die Morgenflut. Über Mao Tse-tung (st 234)
32 Harbsmeier, Konfuzius und der Räuber Zhi (it 278)
▶ 33 Heiler, Die Religionen der Menschheit in Vergangenheit und Gegenwart (Reclam 8274)
35 Herr von Sin-ling, Der (Reclam 8947)
36 Hinz, Räte-China (Ullstein 3003)
37 Hsia, Hermann Hesse und China (st 673)
38 Hsün, Der Einsturz der Lei-feng-Pagode (roro nb 32)
39 Janssen, Das Zeitalter Maos (Heyne-Gesch. 29)
▶ 40 Kaltenmark, Lao Tse und der Taoismus (es 1055)
41 Kindermann, Der ferne Osten (dtv-WG 4006)
42 Kubink, China, die unbekannte Großmacht (Bastei 65031)
43 Kuntze, China – Supermarkt 2000? (Fischer 4207)
44 Lagercrantz, China-Report (st 8)
▶ 45 Lanczkowski, Geschichte der Religionen (Filex 1)

▶ 46 Lao-tse, Das Buch vom rechten Wege und von der rechten Gesinnung (Ullstein 20067)
▶ 47 Lao-tse, TaoTeKing (Reclam 6798)
48 Lin-Yutang, Glück des Verstehens (Ullst./Klett 39015)
49 Li-Tai-bo, Gedichte (Reclam 8658)
50 Li-Yi-Zhe/Opletal/Schler, China: wer gegen wen? (Rotbuch 169)
51 Lorenz, Umwälzung einer Gesellschaft (es 870)
52 Mabire, Blutiger Sommer in Peking (Bastei 65030)
53 Mäding, Strafrecht und Massenerziehung in der Volksrepublik China (es 978)
54 Mao Tse-Tung, Theorie des Guerillakrieges (roro 836)
55 Mao Tse-tung, Über Praxis und Widerspruch (Polit.-T. 5
56 Martin, China ohne Maoismus (roro 7374)
57 Martin, Chinesische Malerei (Heyne Pr 4652)
58 Mehnert, Kampf um Maos Erbe (Ullstein 3501)
59 Mehnert, Maos Erben machen's anders (Knaur 3633)
▶ 60 Meinhold, Die Religionen der Gegenwart (Herder 656)
61 Meyer, China – Aufstieg und Fall der Viererbande (roro/Spiegel 9)
62 Mix, Das chinesische Horoskop (Schneider 234)
63 O'Connor, Der Boxeraufstand (Heyne Gesch. 36)
64 Opitz, Chinas Außenpolitik (Texte + Thesen 89)
65 Peyrefitte, Wenn sich China erhebt (roro 6975)
66 Ruge, Begegnung mit China (GSb 11282)
67 Schäfer, Mao Tse-tung (BSR 184)
68 Schickel, Große Mauer, Große Methode (st 314)
▶ 69 Schickel, Konfuzius, Materialien zu einer Jahrhundertdebatte (it 87)
▶ 70 Schoeps, Religionen (GSb 11202)
71 Schreiber, Die Chinesen (GSb 11257)
72 Schwarz, Von den müßigen Gefühlen (it 442)
73 Snow, Roter Stern über China (Fischer 1514)
74 Wagner, So leben die Chinesen heute (Bastei 63069)
▶ 75 Waley, Lebensweisheit im alten China (st 217)
76 Weggel, China – zwischen Revolution und Etikette (BSR 239)

**Bildnachweis**

S. 5: Foto Marburg; S. 12: Paul Hamlyn Library London; S. 15: Camera Press, London; S. 18: Cameraman Ltd., Hongkong; S. 26: Vandenhoeck & Ruprecht, Göttingen; S. 27: Time Life Books, New York; S. 31: Time Life Books, New York; S. 63: Museum für Völkerkunde, Leipzig; S. 68: Time Life Books, New York; S. 83: University of Durham, The Gulbenkian Museum (England); S. 89 links: The National Museum of Denmark, Copenhagen; S. 89 rechts: Vandenhoeck & Ruprecht, Göttingen; S. 99: Office du Livre, Fribourg; S. 104 links: Museum of Fine Arts, Boston; S. 104 rechts: British Museum, London; S. 110: Desch-Verlag, München;

Umschlagfoto: Time Life Books, New York



987 654 321